本书是2019年中国社会科学基金青年项目"新时代中国特色大国外交视阈下的伙伴关系外交研究"（项目编号：19CGJ001）的阶段性成果。

伙伴关系：中国与世界

王 峥◎著

中央党校出版集团

国家行政学院出版社
NATIONAL ACADEMY OF GOVERNANCE PRESS

图书在版编目（CIP）数据

伙伴关系：中国与世界 / 王峥著 . -- 北京：国家行政学院出版社，2024.8
ISBN 978-7-5150-2641-1

Ⅰ.①伙… Ⅱ.①王… Ⅲ.①中外关系－研究 Ⅳ.① D822

中国国家版本馆 CIP 数据核字 (2024) 第 102241 号

书　　名	伙伴关系：中国与世界 HUOBAN GUANXI：ZHONGGUO YU SHIJIE
作　　者	王　峥著
统筹策划	王　莹
责任编辑	孔令慧
责任校对	许海利
责任印制	吴　霞
出版发行	国家行政学院出版社 （北京市海淀区长春桥路 6 号　100089）
综 合 办	（010）68928887
发 行 部	（010）68928866
经　　销	新华书店
印　　刷	北京九州迅驰传媒文化有限公司
版　　次	2024 年 8 月北京第 1 版
印　　次	2024 年 8 月北京第 1 次印刷
开　　本	170 毫米 ×240 毫米　16 开
印　　张	16.75
字　　数	197 千字
定　　价	68.00 元

本书如有印装质量问题，可随时调换，联系电话：（010）68929022

序 一

进入21世纪20年代以来,世界面临着百年未有之大变局,国际关系与世界秩序面临着前所未有的奉献和挑战,地缘政治冲突与大国权力博弈交织影响,人类社会的前途命运再一次遇到严峻考验。霸权主义、强权政治、意识形态分裂、民族矛盾冲突、恐怖主义威胁等再次像梦魇一样困扰着整个世界,如何处理和开展国家间关系成为全球共同应答的世纪命题。在这种纷繁复杂的关系中,中国力图将"伙伴关系"作为处理国与国之间关系的理念、原则和实践。伙伴关系作为一种非结盟的关系理念和关系模式,在处理国家间关系过程中发挥了很好的作用。中国伙伴关系的成功实践表明,国家间关系可以处理好,国家间关系可以通过伙伴关系处理好,国家间关系可以通过中国伙伴关系处理好,生长于中华优秀传统文化和中国外交实践理念基础之上的中国伙伴关系,不仅能够推动中国与世界的关系不断向前发展,而且能够为其他国家提供借鉴,推动国际社会朝着人类命运共同体的方向不断迈进。这不仅是中国伙伴关系的中国价值所在,更是中国外交向全世界贡献的中国智慧所在。

西方国家在外交上的所谓"伙伴"关系,往往具有明显的相互合作以应对第三方的作用。而中国外交中的伙伴关系则有一种互利共赢和不针对第三方的内涵。自1993年中国建立第一对伙伴关系起,中国的伙伴关系已经走过了30余年的发展历程。伙伴关系不仅推动了中国与世界各国间关系的良性互动和健康发展,而且见证了中国与世界关

伙伴关系：中国与世界

系的改变，伙伴关系在中国对外关系史上写下了浓墨重彩的一笔。

随着中国伙伴关系的不断发展，"伙伴关系"外交成为中国国际关系学界研究的一个重点。我在21世纪初时就曾发表过《中国外交的"伙伴关系"框架》等论文。20过年过去了，学术界对这一议题研究热度益增，无论从理论的深度还是分析的广度来看都成果丰硕，甚至有了关于中国周边新型伙伴关系和全球伙伴关系网络建构等方面的研究专著问世。中国外交中的伙伴关系建构仍在持续发展和提升过程中，学理和政策研究仍有很大的研究空间。王峥作为年轻一代的学者，用其独特的研究视角和丰富的研究内容，提升了对中国外交伙伴关系的研究层次。本书尝试从学理的角度提升研究层次，用关系互动的视角系统而全面地分析中国伙伴关系，为伙伴关系研究提供了一种新的范式和路径。值得肯定的是，他在搜集和整理大量一手文献和资料的基础上，对中国伙伴关系外交进程展开了细致而客观的整理和分析，并对过去的一些研究局限进行了完善。可以说，本书尝试着构建中国伙伴关系研究的一种理论分析框架，立足于当代中国外交发展进程中所建构的伙伴关系的丰富实践和发展成效，从理论研究的角度系统分析了中国伙伴关系的基本内容，又将历史发展进程与面向未来相结合，尝试描绘和勾勒中国伙伴关系的丰富图像，把中国伙伴关系的研究引入一个新境界。

本作品分析框架和内容布局新颖而别具特色。书中第一部分是导论，主要从历史发展的角度分析伙伴关系在中国对外关系中的地位和价值，并且尝试从关系互动的角度审视和看待伙伴关系，即在世界与中国的关系中看伙伴关系。第二部分是中国伙伴关系的基本概念，首先从关系、伙伴关系、中国伙伴关系等诸多概念的辨析中梳理和明确中国伙伴关系的基本概念和主要特征，并且从学术史和官方话语描述两大维度，分析了30年间中国伙伴关系演变的基本轨迹及特点。其次从形而上和形而下两个方面，分别研究了中国伙伴关系在理念、思想及实践三个方面的特征。第三部分是中国伙伴关系的核心内容，主要从伙伴关系的内容构成、功能体系及主要类型三个方面进行研究，这是研究中国伙伴关系理论的基本范畴。第四部分是中国伙伴关系的结构理论和进程理论，从更为一般意义上说，国家间关系均可从关系结构及关系演变两个维度进行分析，即从静态和动态两个方面进行研究。结构理论和进程理论从更抽象的角度展现了中国伙伴关系的丰富内涵。第五部分是中国伙伴关系的反馈理论，包含伙伴关系的评价理论及发展理论，重点分析了中国伙伴关系实践累积的结果及未来发展的走向。第六部分结语与第一部分相呼应，着眼于历史演进的未来趋向。中国伙伴关系在中国与世界的关系中将发挥极为重要的作用，一定程度上塑造着中国影响世界的进程和结果。

总之，本书作为颇有学术追求的年轻学者在中国外交研究治学道路上的阶段性成果，对中国的伙伴关系外交进行了理论性探讨，展开了分布式分析，更形成了完整的研究，很值得中国外交研究者和国际关系爱好者一读。

苏浩
外交学院外交学系教授、博士生导师
中国人民大学全球治理与发展研究院副院长
2024年7月

序 二

伙伴关系作为中国对外交往的一种重要理念和实践，已经走过了30年的发展历程。30年间，中国伙伴关系发生了广泛而深刻的变化，一部中国伙伴关系发展史就是一部中国对外关系史，一部中国与世界互动互识互构的演变史，中国伙伴关系呈现出诸多鲜明的发展特征。

一是中国伙伴关系规模发生了巨大变化。从最直观的伙伴关系国家数量来看，中国伙伴关系30年间经历了两次大的突破，第一次是20世纪90年代从"0"到"1"的突破，这是中国伙伴关系发展起步的标志性事件。第二次是21世纪初期从"1"到"100"的突破，这是中国伙伴关系规模的临界性突破。30年间，中国伙伴关系数量的增长出现过两次高峰，第一次出现在2005年，是年伙伴关系国增加了10个；第二次高峰是在2014年，一年之内，我国伙伴关系新增了16对，创历史新高。截至2023年12月，与我国建立伙伴关系的国家共有122个，约占我国建交国总数的2/3，这是中国伙伴关系外交发展成就的突出体现。

二是中国伙伴关系质量发生了深刻变化。关系数量的变化体现了中国伙伴关系规模效应的变化，关系层级的变化则彰显了中国伙伴关系质量的变化。伙伴关系的质量变化体现在多个方面，其一，关系层级构成的变化。当前的中国伙伴关系内涵丰富、形式多样，关系层级存在十余种，并且相同层级的伙伴关系因伙伴关系国的不同而又表现出各自的国别性，关系层级的多元化与差异化体现了中国伙伴关系发展质量的不断提升。其二，高层次伙伴关系已成为中国伙伴关系主体。

伙伴关系：中国与世界

从伙伴关系层级的整体结构来看，战略性及其以上层次的伙伴关系已占中国伙伴关系总数的一半以上。高层次伙伴关系一方面来自原有伙伴关系的迭代升级，另一方面来自新建伙伴关系，并且高层次伙伴关系在新建伙伴关系中的占比逐渐上升，尤其是近十年间，绝大部分新建伙伴关系都是高层次的。其三，高层次伙伴关系已成为中国伙伴关系未来发展的重点方向。随着中国与世界互动交流的不断深化和拓展，中国与世界的关系越来越密切，相互依赖的程度越来越高。发展更加密切的互动关系有助于保持互动关系的稳定性和战略性。伙伴关系质量的跃迁标志着中国的伙伴关系实践进入了一个新时代。

三是中国伙伴关系理念呈现与时俱进的发展演变。在伙伴关系发展的历史上，中国伙伴关系与美西方存在显著差异，从创立时起就镌刻上了中国特色的烙印。中国伙伴关系汲取了中华传统文化的优良品质，继承了新中国外交的宝贵经验，是在中国传统和中国外交上成长起来的，这是中国伙伴关系理念的根本起源。同时，在不同的历史时期和发展阶段，伙伴关系的侧重点存在一定的差异性。在伙伴关系初创时期，中国伙伴关系确立了"不结盟、不对抗、不针对第三国"的"三不"原则，正是在这一理念的指引下，中国开启了自己的伙伴关系之路，在不断的实践探索中逐步揭开了中国的伙伴关系外交之幕。基于20世纪90年代的国际形势和时代特点，中国保持独立自主的外交立场，坚持"不结盟"的外交原则，先后与包括美、英、法、俄在内的西方多国建立了伙伴关系。随着外交关系的不断深化，与中国建立伙伴关系的国家数量也在不断增加，中国伙伴关系的覆盖范围越来越广。随着全球反恐、国际金融危机及世界南北格局深刻变革等因素的影响和冲击下，国际形势也发生了新的变化。在内外条件的塑造下，中国逐步明确了平等性、和平性和包容性的伙伴关系原则和理念。中国的伙伴关系是以和平为目标的,不是为了对抗,更不是为了冲突和战争。中国尊重各国的差异性,不以意识形态或者价值观差异来衡量关系好坏,中国强调国家平等,不歧视小国、弱国,追求和平、平等、包容是这一阶段中国伙伴关系突出的特点。党的二十大报告指出,平等、开放、合作是当前中国伙伴关系的新理念。世界百年未有之大变局深刻影响着国家间关系,"脱钩断链""小院高墙""阵营对抗""去全球化""去风险化"等严重制约国家间正常互动,大国政治格局发生重大变化。在新的国际环境下,中国始终坚持和平共处五项原则,始终做世界和平与发展的维护者、稳定者,深化对外开放,倡导合作共赢,在开放合作的指引下,中国伙伴关系发展进入了一个新的发展阶段。中国伙伴关系不是僵化不变的,也不是封闭不动的,而是始终随着发展环境的变化而适时调整,始终保持着与时俱进的发展姿态,始终同中国与世界的关系状态保持一致。

30年间,中国伙伴关系发生了一系列深刻变化。通过深入剖析中国伙伴关系的发展实践和演变规律可知,伙伴关系始终在中国与世界互动互识互构的逻辑框架下不断演变和发展。

互动是伙伴关系形成的根本动力。从本质上说,伙伴关系就是中国与其他国家或者行为体互动交流而形成的关系样式,国家之间的互动是伙伴关系形成和变化的根本动力,一切国家间的关系都是因互动而形成的,包括伙伴关系,互动是中国伙伴关系的起点。从互动的行为体来看,伙伴关系的互动主要是国家,但是也有国际组织、地区组织等。在中国的伙伴关系结构中,无论行为体类型、大小、强弱如何,都是平等互动的,平等是中国伙伴关系互动的突出特征,也是中国区别于其他国家的显著标志。在中国的伙伴关系国中,大部分国家是发展中国家,其中中等国家和小国是关系主体。从互动的性质和方向来

伙伴关系：中国与世界

看，并不是所有的关系互动都必然创立伙伴关系，也不是所有的关系互动都助益伙伴关系发展，也就是说，关系互动的性质存在正向和负向之分，有积极和消极之分。互动从客观上看是行为体之间的相互联系，对于关系的形成和演变能产生不同的作用力。此外，互动对伙伴关系的影响不仅表现在作用力的方向上，而且表现在作用力的大小上。只有互动的频次或程度累积到一定程度之后，互动对伙伴关系的作用效果才会出现，即互动的累积效应。两国之间的每一次交流与合作都是彼此互动的具体表现，但通常只有互动叠加累积到一定范围时才会带来关系的"跃迁"或"突变"。故而，从互动的角度看，伙伴关系的起点在于中国与世界的互动，伙伴关系演变的动力也在于关系互动，互动是关系形成和变化的根本动力，互动产生的作用力表现出方向性和累积性的特征。

互识是伙伴关系存续的关键要素。如果说互动是伙伴关系发展的动力，那么互识就是伙伴关系存在的支柱。只有关系行为体彼此从认知上接纳对方为伙伴，伙伴关系才有可能存在。认知性因素对伙伴关系的影响是根本性的，因为所有的关系互动结果都需经过认知确认才能产生影响，因此，相互认知的趋同才是伙伴关系建立的关键。在伙伴关系的逻辑框架下，趋同性、一致性的相互认知和相互认同使得伙伴关系成为可能，互识既是原因也是结果。互识的建立除了受互动的影响和制约外，也受到行为体文明类属的异同及价值诉求的差异等因素影响。伙伴关系的互识如同互动一样，也不是静止不变的，随着伙伴关系互动的不断演进，行为体对伙伴关系本身以及对伙伴关系行为体的认识也会出现新的变化，即互识随着互动不断变化，互识的改变导致行为体对关系定位的改变，进而导致关系从一种情况变化成另一种情况。伙伴关系变化的过程不仅是互动的过程，也是互识不断变化的过程，互识的变化与关系的变化是互为因果、相互影响的。因此，互识不仅是伙伴关系存在的关键支撑，而且是伙伴关系演变的重要原因和结果。

互构是形成伙伴关系的直接原因。相互建构是关系行为体塑造关系模式的基本路径，在互动互识的过程中，行为体相互建构，不仅建构彼此的行为方式、认知方式，而且建构彼此之间的关系模式和关系架构。互构是一种作用力，作用于所有的关系行为体。互构能改变行为体的行为偏好和认知偏好。通过互构，行为体之间的行为同向性、趋同性增强，彼此间相互理解、支持、认同，故而，新的关系模式才会在互构的推动下形成。互构也是一种体系，在这一体系中，行为体相互影响、相互作用，伙伴关系就是在这种互构体系中建构出来的。如果说，互动与互识是伙伴关系发展演变的第一和第二阶段，那么互构则是伙伴关系发展的第三阶段，也就是距离伙伴关系发展变化最近的阶段。无论是互动还是互识，其对伙伴关系的影响都是通过互构来实现的，互构是影响伙伴关系的最直接因素。

从关系发展的长时段来看，伙伴关系就是在互动互识互构的相互联系和作用过程中不断演变的，行为体互动使得伙伴关系成为可能，互识使得行为体互动有了结果，也使得伙伴关系有可能更近一步；互构是互动与互识的结果，以互动和互识为前提，在行为体互构中，伙伴关系得以形成和发展。而在新的关系互构框架下，行为体又开始了新的互动和互识，循环往复，螺旋变化。"三互循环论"是中国伙伴关系发展演变的根本范式，正是在三互循环系统内，伙伴关系才实现了从一种状态变化成为另一种状态，从"往生"走到"今世"，从现在走向未来，这是中国伙伴关系实践发展的基本逻辑。

因而，从中国与世界的互动关系来思考和审视中国伙伴关系的发

伙伴关系：中国与世界

展实践和理论，可以发现新的视角和新的路径，这为丰富和完善中国外交研究具有重要的推动作用。伙伴关系作为特定历史时期发展起来的互动样式，其对塑造中国与世界的关系格局产生了极为深远的影响。自20世纪90年代以降，伙伴关系已经成为中国外交中出现频率最高的词汇之一。中国伙伴关系的30年，见证和改写了中国与世界关系的思想理念、实践模式和关系样态。从某种意义上说，伙伴关系推动着中国与世界的"双向奔赴"逐渐朝着人类命运共同体的"大同世界"不断前行。中国已不再是仅仅被世界所改变，中国也将在继续发展伙伴关系的进程中改变世界。

非常高兴看到这部专门研究中国伙伴关系的著作，作为王峥博士的导师，看到他的成长和进步也非常欣慰。当然，这还是一份探索性极强的研究，其中难免有纰漏和不足，仍需在以后的研究过程中不断修正和完善。走出研究的一小步，便是揭开思想的一大步，愿王峥博士在未来的学术生涯中不断前行，在不断的自我突破中不断提升。

是为序。

万晓宏

华南师范大学政治与公共管理学院教授、

博士生导师、副院长

2024年7月

目　录

导　论　世界与中国·····001

第一章　中国伙伴关系的基本理念·····011
 第一节　关系与中国伙伴关系·····012
 第二节　研究叙事中的中国伙伴关系·····018
 第三节　官方话语中的中国伙伴关系·····024

第二章　中国伙伴关系的基本特征·····029
 第一节　中国伙伴关系的理念特点·····030
 第二节　中国伙伴关系的思想特点·····038
 第三节　中国伙伴关系的实践特点·····041

第三章　中国伙伴关系的内容体系·····047
 第一节　中国伙伴关系的领域性内容·····048
 第二节　中国伙伴关系的事项性内容·····050
 第三节　伙伴关系与非伙伴关系的内容差异·····056

第四章　中国伙伴关系的功能体系·····065
 第一节　维护和实现国家利益·····066
 第二节　构建新型国际关系·····071
 第三节　维护世界和平与发展·····077

第五章　中国伙伴关系的类型体系 ... 083
第一节　伙伴关系定位分类 ... 084
第二节　伙伴关系范围分类 ... 089
第三节　伙伴关系对象分类 ... 094
第四节　伙伴关系性质分类 ... 098

第六章　中国伙伴关系的结构理论 ... 103
第一节　中国伙伴关系定位结构 ... 104
第二节　中国伙伴关系布局结构 ... 107
第三节　中国伙伴关系结构特点 ... 111

第七章　中国伙伴关系的进程理论 ... 117
第一节　伙伴关系的单一过程性 ... 118
第二节　伙伴关系的整体阶段性 ... 126
第三节　中国伙伴关系进程的影响因素 ... 134

第八章　中国伙伴关系的评价理论 ... 139
第一节　中国伙伴关系的复杂性评估 ... 140
第二节　中国伙伴关系的关系力评价 ... 151
第三节　中国伙伴关系的过程评估 ... 156
第四节　中国伙伴关系的结果评估 ... 159

第九章　中国伙伴关系发展理论 ... 163
第一节　伙伴关系网络优化 ... 164
第二节　伙伴关系网络互通 ... 166
第三节　伙伴关系网络突破 ... 169

结　语　中国与世界……………………………………………173

附录一　中国伙伴关系时间轴（1993—2023年）……………179
附录二　中国伙伴关系国系谱（截至2023年12月）…………187
附录三　中国伙伴关系矩阵图（1993—2023年）……………222
参考文献……………………………………………………………240
后　记………………………………………………………………244

导 论
世界与中国

伙伴关系：中国与世界

在世界历史的变迁进程中，东方与西方、中国与非中国的互动交往，在很长时期内，一直是塑造世界格局的宏大叙事。中国与世界的关系，不仅是中国问题，也是世界问题。在过去的数千年里，中国与世界的互动实践见证了中国与世界关系的两种不同图景和不同路径的演变轨迹，时而相向而行，时而背道而驰，无论是古时的朝贡体系，还是近代以来的"西升东降"，都彰显了中国在面对世界变迁以及面对中国与世界关系变动时所呈现的姿态和精神。

从公元前3世纪中国崛起为一个统一的强国到1911年清王朝的覆灭，中国一直占据着历史悠久的东亚国际体系的中心地位，中国的语言、文化和政治体制是文明的标志。[①]而中国与世界互动存在众多不同的叙述方式和分析路径，从角色易变和行为调整的维度，以及思想和实践双重互动的内涵来看，中国与世界的互动实践存在几个相对比较显著的时间节点。

一是1840年以前的中国与世界。在这段很长的历史时期，无论中国内部如何激荡变迁，中国在与世界或密或疏的互动关系中都处于有利地位，或者说中国在世界政治经济体系中大都处于优势地位，中国与世界的交往无论是回应外部冲击还是自身主动创生，在这个互动格局和框架内，中国都有主动权、自主权，也就是说中国可以决定自己做什么或者不做什么。中华文明不仅辐射到不同时期的中国周边，而且以丝绸、茶叶、瓷器等多种商品为载体，影响着世界其他地方。朝贡体系浓缩了千百年中外互动实践的基本规律，中国以特有的方式塑

---

① [美]亨利·基辛格：《论中国》，胡利平等译，中信出版社2015年版，前言。

造了基本的互动形态和格局。从某种意义上说，在这种互动构建的二元系统中，很长时间内，基本上中国是施动者。当然，世界的整体进程以及世界其他地区的演变发展也必然会对中国产生影响，只是相比较而言，这段时间是中国较多影响或改变世界的历史时期，而不是反之。另外，也有研究认为，"明朝后无中国"①。1644年以降，日本和朝鲜认知框架内的中国不再是原本的中国，日朝观念世界中的文化认同已经动摇，这表明从清王朝开始之日起，中国与周边国家的互动就出现了微妙的变动，但这种变动还只是文化认同方面。因此，从互动的整体进程来看，无论包括日朝在内的"他国"如何在观感体系中定位明亡之后的中国，中国都依然处于互动的有利位置，或者说1644年以来，他国认知变迁不断累积，逐渐改变着中国与世界实质性互动的观念基础。直到1840年前后，来自外部的巨大冲击力彻底改变了中外互动的结构，我者与他者的地位出现了根本性转换。1644年至1840年近200年的历史变迁可谓是中国与世界互动转型的准备阶段。

二是1840年至1949年的中国与世界。这一时期是中国历史发展的巨大转变，也是中国与世界互动格局的剧烈变动和重大转型。中国近代以来百余年的历史其实就是一部中国与世界的关系史，②百余年内，西方世界依凭科技革命和产业革命带来的物质强力，迫使中国参加中外战争，迫使中国签订不平等条约，迫使中国开放通商口岸，迫使中国接受外国租界，迫使中国丧失国家独立和领土完整。在与世界互动的进程中，中国被动接受外部压力进而被世界所改变所塑造，中国被外力强制性地从帝国推向主权国家体系，③但是百年间在"冲击－回

---

① 葛兆光：《宅兹中国》，中华书局2011年版，第156页。
② 袁鹏：《关于大时代与大战略的思考——兼论新时期中国外交需要处理的十对关系》，《当代世界与社会主义》2012年第4期。
③ 蔡拓：《对中国与世界关系的审视与反思》，《国际政治研究》2019年第6期。

伙伴关系：中国与世界

应"①的同时，中国始终在进行着不屈不挠的抗争，不断积极应变，不断主动求变，不断在与世界互动的实践中争夺中国的独立和尊严。国与国、民族与民族、文明与文明之间的关系都有互动影响的过程，强势方固然以其"强"而具有更大的影响力，而弱势方也未必因其"弱"而全然无所作为。②正是百年的民族抗争史，迟缓了西方分裂中国的脚步，消弭了中外关系变动带来的冲击力，也从根本上粉碎了外力挤压中国的可能。这一时期，西学中用和中学西用成为中西文化碰撞的生动写照，西方思想极大地冲击了中华文明，影响了中国历史进程，西方文化很大程度上主导了中国与世界的思想互动。客观上来看，这一阶段的中国与世界互动，很多时候中国都是被动接受世界的塑造，世界改变中国、影响中国是主进程。中国与世界的互动结构出现了第一次重大调整和改变。

新中国的成立创生了一个新时代，之所以如此，是因为中国与世界的互动交往发生了根本性扭转。自此之后，中国与世界互动，与他国交往，参与国际事务，都是以独立自主的姿态出现，中国有机会也有可能选择。尽管在20世纪50年代以来的很长时间里，中国依然处在世界政治经济体系的边缘，但是中国可以自主决策如何与世界互动，中国与世界互动的基础是平等的。因此可以说，1949年新中国的成立开启了中国与世界互动结构的第二次调整进程。另外，从民族国家建构的理论维度来看，新中国是真正民族独立、国家自强的政治实体。其与1840年以降的中国截然不同，其与世界的关系也必然迥异于前者。如若说近代以前的中国与世界是东西方平等对话的相处模式，那么新中国成立以来中国与世界关系则是对近代中国与世界关系的

---

① 参见汤因比《历史研究》上，曹枫等译，上海人民出版社1997年版，第134—155页。
② 汪朝光：《近代中国的转型与外部世界之互动》，《当代韩国》2017年第1期。

一种纠正，中华民族的复兴则是中国与世界正常关系的一种回归。从这种意义上看，从新中国成立之时起便从客观上开启了重塑中国和世界的历史进程，新中国的历史意义和世界影响便是从成立之时就奠定了。

在第二次的结构性调整中，中国与中国之外的世界都经历了深刻的变迁，中国从被孤立到逐渐被接纳，世界从两极逐渐演变成多极，中国从世界的边缘逐渐走向世界的中心，世界从西方的世界逐渐转变为"全球的世界"。20世纪50年代至今的70余年里，中国与世界的互动进程因为中国与世界各自历史的深刻变迁而经历了诸多变化。总体来说，冷战结束之前，虽然中国与世界互动的广度和深度已发生极大改变，但是在整体的互动态势中，世界对中国的影响依然远大于中国对世界的影响，世界在很大程度上改变着中国，无论是物质层面还是思想层面，这与近代百年最大的差异是，此刻中国有选择的权力和独立，可以自主决定拿来什么、不拿来什么。冷战结束后至今的这段时期，中国与世界的关系又出现了新的变动，经过30年的发展，中国正处在"近代以来最好的发展时期"[①]，已进入"日益走近世界舞台中央"[②]的新时代。中国与世界互动再次走到了一个新的历史节点，世界影响中国逐渐向中国影响世界转换，逐渐从"中国被改变"向"中国改变"转变。当然，这个转变过程还远未完成，甚至说还只是刚刚开始，但这种转变进程无论是对于中华民族复兴来说，还是对于世界格局调整来讲，都具有重要而深远的实践意义。而在这场互动结构转型的历史过程中，伙伴关系，作为一种从被动接受到主动发展再到积极生变的互动理念和方式，不仅见证了历史，而且也创造了历史。

---

① 《习近平谈治国理政》（第3卷），外文出版社2020年版，第428页。
② 《习近平谈治国理政》（第3卷），外文出版社2020年版，第9页。

伙伴关系：中国与世界

20世纪90年代以来，冷战的结束同时改变了中国与世界的叙事进程，也是从那时开始，中国逐渐确立并明晰了中国与世界交往的一种方式，即伙伴关系。伙伴关系并非中国独有，国际关系中很多国家间都建有不同形式和不同特点的伙伴关系。然而，在中国发展的历史脉络和时代场景中，伙伴关系代表了中国与世界关系的转型，凝结了新中国对外交往的基本理念。自此以来，中国不断从历史发展的传承中汲取经验，在新的时空条件下不断探索中国与世界的交往之道，重新梳理中国对世界的认知和态度；自此以来，无论是对西方还是对非西方，中国都坚持以伙伴关系的态度视之，坚持用伙伴关系的方式处之，伙伴关系成为冷战结束后中国与世界互动互识的主要方式之一。伙伴关系的构建需要关系行为体的相向而行，伙伴认知的确立需要行为体相互认同，而非一己之力、一厢情愿皆可为之，也非一朝一夕、一蹴而就便可成之。因此，在诸多复杂因素的相互影响和互相激荡下，中国的伙伴关系呈现了时空交错的多元性和流动性。但是从中国与世界关系的视角来看，伙伴关系成为中国看待世界的一种态度，成为中国与世界互动的一种方式，成为中国与世界关系的一种样式，成为中国与世界互动、互识、互构的总特征。

伙伴关系是一种认知态度。把对方看作敌人还是朋友或伙伴，这是一种态度，一种界定对方身份以及彼此关系的态度。态度是一种观念或者说是一系列认知条件决定的思维镜像。有怎样的认知态度就有怎样的行为偏好，从而便会形成相应的关系模式和互动状态，因此，认知态度的选择和确立对行为选择和关系建构至关重要。一国认为其与另一国之间建有伙伴关系，那么就表明其把对象国界定为伙伴，其在处理与对象国关系以及涉及对象国的议题时会采取与非伙伴关系国不同的处理方式，更多地采取积极、正向的行为。然而，伙伴关系的态度认知并非恒定不变的，即在伙伴关系依旧存续的情况下，伙伴关系国也可能会采取非伙伴的相处态度，如2020年以来澳大利亚的对华态度已经远非伙伴关系国所应有之态度。伙伴关系与伙伴态度的存续关系以及相互影响是一个复杂的问题，需进一步探讨和研究。

伙伴关系是一种身份界定。在国际社会中，从本质上说，关系就是身份，有什么样的关系就有什么样的身份。同盟关系中关系行为体彼此是盟友，伙伴关系中关系行为体是伙伴，敌对关系中关系行为体是对手或敌人。关系确定身份，关系本身也是身份，身份决定态度和行为，伙伴关系的身份认同决定了关系行为体的态度，引导行为体的行为。在国家间关系格局中，国家行为体决定与其他国家建立和保持什么样的关系，决定了国家行为体以什么样的身份处理国家间关系，以及参与国家间事务。身份界定不仅关系到行为体自身的行为和结果，而且也会影响其他行为体的行为选择。因此，在国家与国家的交往过程中，必须确立一种互动的身份，从而确定互动的规则，否则就容易造成身份混乱，对行为体行为造成不良影响，因此必须确立了身份之后才能有效地进行国家交往。伙伴关系作为国家间互动的一种身份，必然影响着关系行为体的行为决策。

伙伴关系是一种互动方式。作为国家互动的一种方式，伙伴关系具有丰富的内涵。伙伴关系不是一个空洞的口号，其由行为体复杂而多样的互动实践构成。首先，伙伴关系国之间的互动是合作性的；其次，伙伴关系国之间的合作是自主性的，或者说是主动性的；最后，伙伴关系国之间的互动是自愿性的，而非强制性的或者被动性的。互动实践的多样性不仅包含了领域性差异、议题性差异，而且也包含了形式差异和成果差异，当然也包含行为体结构的多样性和差异性。作为一种互动方式，从抽象的意义上来看，这种方式适用于所有行为

伙伴关系：中国与世界

体，以中国为例，伙伴关系适用于所有的建交国，包括不同规模、不同体制、不同区域的国家行为体，包含大国、小国、中等国家，包含周边国家，也包含亚非拉国家。但是由于关系对象和互动行为体的多样性以及差异性，中国并非与所有的对象国都建立了伙伴关系，也并非都建立了同样类型的伙伴关系。正是因为互动方式以及互动行为体、互动结果的差异性存在，导致了中国伙伴关系实践的复杂性和多样性。

伙伴关系是一种关系模式。国家与国家的关系有很多种，有同盟关系也有敌对关系。伙伴关系是诸多国家间关系中的一种，是国家间关系的中间状态，或者说是正常国家间关系的一种积极状态。伙伴关系不同于同盟，关系行为体之间未建立固定的、具有强制约束性的以及法律义务性的军事同盟条约。当然，其也不同于敌对关系，彼此之间处于战争或者准战争状态。伙伴关系是指在正常的关系基础上行为体各方在更为广泛的领域范围内进行更为深入的合作，推动互动关系水平高于一般性关系。

伙伴关系作为中国看世界的一种态度，作为中国处理与世界关系的一种方式，在中国与世界互塑的历史进程中改变着中国，也改变着世界，当然，也改变着其自身。从某种意义上说，命运共同体成为伙伴关系在新的时代条件下中国与世界关系的最新诠释，"伙伴相依"与"命运与共"一体两面，既相互联系又彼此区别，都是中国与世界互动历史在"纠偏"过程中的一种关系回归，一种中国与世界互动关系的修正。中国要"在坚持不结盟原则的前提下广交朋友，形成遍布全球的伙伴关系网络"[1]，这是中国的处世之道，是中国与世界互动之道。

中国如何看待世界？世界如何看待中国？这是两个极其复杂而又

---

[1] 马占成：《中央外事工作会议在京举行》，《人民日报》2014年11月30日。

重要的命题，这不仅关乎中国更关乎着世界的未来走向。除此之外，还有两个更为关键的"题中之题"，即中国如何看待西方以及西方如何看待中国。在现今的国际政治经济格局中，中西关系是最根本的决定因素，如何看待和认知对方以及在何样的认知体系内以何样的方式互动交往是制约和塑造世界格局的决定性力量。一国与人类文明、整体世界的关系是个世界性的问题，① 把握中国与世界、中国与西方的互识体系和互动进程，从中国伙伴关系发展的历史经验和现实演变中，探寻中国与世界互识与互动的基本规律以及未来方案，具有重要的世界性意义和价值。

本书以中国与世界互动为基础性的分析框架，把伙伴关系研究植入中国与世界互动的体系框架内。伙伴关系是推动实现中国与世界互动第二次结构调整的一种力量，也是推动实现中国与世界互识互动结构和进程转变的一个因素。中国伙伴关系被这种结构和进程所改变，与此同时，中国伙伴关系也在改变着这种互动结构和进程，这种互构诠释了新时代中国特色大国外交的发展面向和未来走向。从世界影响中国到中国影响世界，从中国接近世界舞台的中央到中国真正站在世界舞台的中央，在这种巨大的历史转型中，中国伙伴关系发挥着重要的杠杆作用，这是本书的第一个逻辑思路和分析脉络。什么是伙伴关系？什么是中国的伙伴关系（what）？中国为什么发展伙伴关系（why）？中国如何发展伙伴关系（how）？中国的伙伴关系来自哪里、走向哪里（where）？围绕中国伙伴关系自身的诸多问题进行系统性、学理性、探索性研究，梳理中国伙伴关系演变的基本规律以及逻辑，探寻中国伙伴关系未来趋势，是本书的另一个基本逻辑，或者说是另一个较为微观层面的分析维度。

---

① 蔡拓：《对中国与世界关系的审视与反思》，《国际政治研究》2019 年第 6 期。

伙伴关系：中国与世界

从中国与世界互动的大局看中国伙伴关系，从中国伙伴关系的"小视角"审视中国与世界互动的大势，从自我察省中审思未来，从历史中走来，又走向新的历史，是中国伙伴关系的价值所在，也是本书的叙事路径。

第一章
中国伙伴关系的基本理念

研究中国伙伴关系,首先是从研究什么是中国伙伴关系开始的,而分析中国伙伴关系的基本概念离不开对伙伴关系自身的研究,而对伙伴关系的研究又需要从分析更为根本的关系开始。从研究形而上的关系与伙伴关系开始,围绕"什么是中国伙伴关系"这一核心命题,首次对关系、伙伴关系、中国伙伴关系的理论内涵进行了探索性分析。在此基础上,从中国伙伴关系研究的维度思考中国社会对中国伙伴关系的认知,然后从中国伙伴关系与其他国家伙伴关系的差异性分析中确立中国伙伴关系的边界,明晰中国伙伴关系的基本理念和内涵。

第一节 关系与中国伙伴关系

1. 关系

关系是一切事物之间的联系,世界上存在着无数错综复杂、形态各异的关系,一切事物都存在于各种各样的关系网络与格局中,人如此,社会如此,国家亦如此。环境由关系所构成,环境中的个体由环境所塑造,关系性是一切事物的根本属性,所有事物都是关系性的。从根本上说,关系是流动的、变换的、不确定的,或者说是运动的。流动的关系就是过程,关系和过程实际上是一体的,[①]关系是过程的核心,关系是过程发展变化的动力,关系运动创生过程动力,过程塑造行为,关系建构身份。

社会是一个多层面的复杂体,社会环境是由无数复杂的关系所构造,社会环境是一个复杂的关系系统和关系网络。关系是一切社会活动的关键枢纽,关系本位是社会活动的根本属性,以关系为基本内容的社会属性,构成了社会认知和社会实践的核心内涵,关系是认识和理解社会活动的基本单位。关系界定身份,关系塑造身份,行为体存在于关系之中,行为体在关系中才能确定身份,没有关系就没有行为体。因此,个体身份由关系所确立,不同的关系确立不同的身份,多样的关系构造多重的身份。个体存在于关系网络之中,关系网络建构

[①] 秦亚青:《关系与过程:中国国际关系理论的文化建构》,上海人民出版社2012年版,第11页。

身份格局。然而，因为关系是变动的关系，所以身份也是变动的身份，随着环境条件的变化，关系行为体的身份认知和认同也在变动。身份确定利益，利益决定行为，行为体身份的变化导致行为体行为的变化。"过程选择"是关系行为体行为偏好的决定机制，换言之，关系的变动导致互动过程的调整，互动关系的调整导致身份认同的变化，身份认同的变化引发利益取向的变化，从而导致行为偏好的变更和重塑。[①]因此，关系与行为体的身份和行为之间存在着密切的联系。

某种意义上可以说，一切的存在都是有关系的，或者说一切的存在都存在于特定的关系格局内，绝对孤立或隔绝的存在是不存在的。从关系自身来看，关系是一个复合体。既包含固有的关系，如地缘关系、血缘关系、空间关系等，这些关系是随着行为体的存在而存在的；也包含着创生性关系，即这类关系的存续是由于关系行为体与其他行为体互动而造成的，如社会关系、人际关系等。通常情况下，因互动而产生的关系是更为复杂更为多元的关系样式。创生性或者互动性关系通常都是互构的，对于关系行为体一方来说，其认为自己是关系主体，那么另一方或几方就是关系客体。反之亦然，行为体之间的关系是相互建构的，也是共同建构的。

从另一个维度来看，关系行为体行为的变动也会反过来影响关系变动，并在一定程度和一定范围内改变和塑造关系。在国际社会中，国家间的互动实践建构了国家间关系，国家间关系塑造了国家间的相互认知和彼此身份，国家间互动活动是重塑国家间关系和再定身份认同的重要因素。此外，国家的物质性权力和观念性权力只有通过国家间互动才具有意义，只有通过国家间关系才能发挥作用，国家行为体

[①] 关于关系与过程以及身份的关系问题，可参阅秦亚青《关系与过程：中国国际关系理论的文化建构》，上海人民出版社2012年版。

的权力诉求和身份变更也只有通过实践互动的过程才能实现。

世界历史的发展过程是世界互动关系变化的结果，不同历史时期、不同地域空间的世界互动关系变化塑造着一个又一个迥异的世界格局和图景，在错综复杂的关系网络中，不同民族、不同国家和不同文明分别演绎着不同的兴衰起伏与纵横捭阖。

2. 伙伴关系

从类型学的角度来看，"伙伴关系"属于"关系"，是一种特殊的"关系"，是众多关系形态中的一种。简单地说，伙伴关系就是以"伙伴"来界定的行为体互动和行为体身份。在伙伴关系中，行为体之间的互动是伙伴性的，行为体的身份界定是互为伙伴，伙伴性是伙伴关系的核心特征，关系性是伙伴关系的本质属性，伙伴关系具有关系的一般属性。伙伴关系的建立和发展是关系"伙伴化"过程的结果，伙伴关系层级是关系伙伴性的集中体现。因此，"伙伴关系"是指行为体互动过程中形成的一种关系模式，一种身份认知，一种文化理念。伙伴关系是诸多关系模式中的一种，伙伴认知是诸多身份界定中的一类，伙伴理念是诸多观念建构中的一种，无论是关系模式还是身份认同或是理念共识，都是随着行为体的互动实践改变而改变的。

从词汇学的角度来看，"伙伴关系"属于偏正结构，"关系"是中心语，是本词汇的主体部分，"伙伴"是修饰语或者是限定词。"伙伴关系"的中心意义在于"关系"而非"伙伴"，但是"伙伴"是限定词，是"关系"内容或者边界的确定依据，是伙伴关系特殊性的描述。从词源学的角度来看，东西方研究都有对"伙伴"以及"伙伴关系"的定义和界定，①都强调为了共同利益和目标而建立起来的一种合作关系。因此，"伙伴关系"是指以"伙伴"来界定的一种关系样式，是关系行为体以"伙伴"为特点而建立起来的一种合作关系。

从实践演变的角度来看，伙伴关系起源于二战之后，缘起于西方话语，其内涵经过了系列的实践变迁，逐渐发展成为一种"以长期历史纽带为联结，在多种政策领域中有共同利益、共同认知和目标的外交关系"②。伙伴关系是用来解释不同于军事同盟或者结盟战略的国家之间的政治关系，③伙伴关系也是国家之间的经济关系，一种国际合作关系。伙伴关系是国际行为体间基于共同利益、通过共同行动、为实现共同目标而建立的一种独立自主的国际合作关系，④也是一种国际合作模式。⑤总体来看，无论是从关系的界定来看，还是从关系的内容来看，"伙伴关系"都是包含着丰富内涵的国家间互动实践过程。

3. 中国伙伴关系

冷战结束之后，世界上越来越多的国家开启了各种各样的伙伴关系实践，而中国伙伴关系只是诸多伙伴关系的一种。中国伙伴关系具有伙伴关系的一般性特征，是在中国与伙伴关系国互动过程中形成的一种关系模式，是中国与其他国家间建立的一种合作关系，是中国开展对外交往的一种身份认知和文化理念，也是中国处理自身与世界关

---

① 国内大多数的学者在研究伙伴关系时都会从词源学的角度来分析伙伴关系，比较有代表性的伙伴关系词源学分析参见任远喆《构建全球伙伴关系网络：历史发展与现实路径》，经济科学出版社 2020 年版。

② Felix Heiduk, "What Is in A Name? Germany's Strategic Partnerships with Asia's Rising Powers," *Asia Europe Journal*, Vol 13, No. 2, (2015): 131–146.

③ 任远喆：《中国构建全球伙伴关系网络的动力与趋势探析》，《新疆师范大学学报（哲学社会科学版）》2020 年第 3 期。

④ 门洪华、刘笑阳：《中国伙伴关系战略评估与展望》，《世界政治与经济》2015 年第 2 期。

⑤ 肖晞、马程：《中国伙伴关系：内涵、布局与战略管理》，《国际观察》2019 年第 2 期。

伙伴关系：中国与世界

系的一种方式和态度，具有丰富的实践内容和意义（见图1-1）。

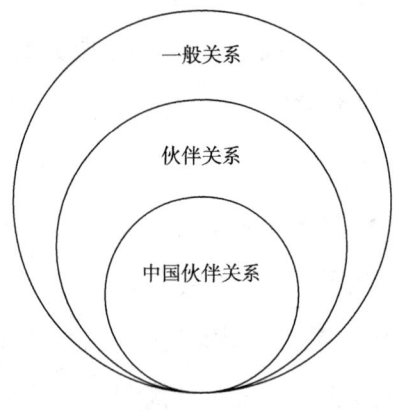

图1-1　中国伙伴关系逻辑图

关于中国的伙伴关系的概念和特点，从20世纪90年代开始，专家就不断在讨论。从中国国内的角度来看，主要有两个方面：一是中国官方的解读和阐释，二是中国学界的研究和分析。由于特殊的国内外环境，20世纪90年代，中国政府对产生于西方社会的伙伴关系保持谨慎态度，中国官方对伙伴关系的认识也相对审慎，对于别国向中国提出的伙伴关系请求也比较慎重。①中国第一次通过书面文件公开阐释的伙伴关系是1996年中俄建立的新型的建设性伙伴关系，《中俄联合声明》认为，新型的建设性伙伴关系是"建立在和平共处各项原则基础上的完全平等的睦邻友好、互利合作关系，既不结盟，也不针对第三国"。②中国政府第一次自主性对外系统表达中国认知的伙伴关系是在1996年的第一届亚欧会议上，当时中国表示，新型的伙伴关系应互相尊重、平等相待、求同存异、彼此借鉴、增进了解、建立信任，互利

---

① 任远喆：《构建全球伙伴关系网络：历史发展与现实路径》，经济科学出版社2020年版，第88—90页。

② 《中俄联合声明》，《人民日报》1994年9月4日。

互惠、优势互补,面向未来、共同发展。1996年3月,时任国务院总理李鹏在亚欧会议上提出,"我们所要建立的新型伙伴关系,不同于殖民时代那种不平等的关系,也不同于冷战时期那种对抗的关系,而是建立在和平共处诸项原则基础上的新型关系"。中国借助亚欧会议机制平台,把发展伙伴关系推进到一个新高度,第一次把国际上的伙伴关系转化为中国的伙伴关系,完成了中国伙伴关系理念和政策的初步构建,为中国伙伴关系实践和布局提供了重要的理论指引。1998年,《人民日报》刊文认为,伙伴关系是一种合作关系,是一种既非结盟又非敌对的合作关系,是对冷战时期结盟、敌视、对抗的国家关系的否定,是一种新型的国家关系。伙伴关系的基本特征是平等互利,互相尊重;发展友好,互不对抗;不针对、不损害第三国。① 新时期中国伙伴关系是对独立自主的和平外交方针、和平共处五项原则、推动建立国际政治经济新秩序等方针政策的继承和发展,主张不设假想敌,不针对第三方,以共赢而非零和的理念发展伙伴关系。② 由此可见,中国伙伴关系的基本内涵与中国的传统外交理念是一脉相承、一体两面的。

中国学者对中国伙伴关系的研究包含着丰富的内容,也具有较长的发展演变历程,通常认为伙伴关系就是一种外交形态,③ 一个国家为了实现对外战略的具体目标,基于特定的共同利益和可能的共识,与另一方正式建立的、具有极高政治平等性和政策灵活性的稳定的合作

---

① 《人民日报》资料室:《何为"伙伴关系"?中国先后同哪些国家建立了什么样的"伙伴关系"?》,《人民论坛》1998年第6期。
② 王毅:《高举习近平外交思想光辉旗帜 书写民族复兴壮丽篇章》,《人民日报》2021年10月20日。
③ 任远喆:《中国构建全球伙伴关系网络的动力与趋势探析》,《新疆师范大学学报(哲学社会科学版)》2020年第3期。

关系。①认为伙伴关系是一种战略，中国的伙伴关系战略是以和平共处五项原则为基础，通过双边关系改善带动全球战略拓展，②但是在中国官方的正式文件或者领导人讲话中，却未出现"伙伴关系战略"或者"伙伴战略"的表述，在中国的话语体系内，有"战略伙伴关系"或者"战略伙伴"，没有"伙伴关系战略"或者"伙伴战略"。中国伙伴关系网络是构建新型国际关系和构建人类命运共同体的重要路径，推动构建全方位、多层次、立体化的全球伙伴关系网络，开创了中国特色大国外交新局面。③构建命运与共的全球伙伴关系，中国不仅是倡导者，更是践行者。④有学者认为中国伙伴关系的本质是外交关系和国家对外政治活动⑤。中国学界对中国伙伴关系研究的基本历程将在下文详细分析。

第二节 研究叙事中的中国伙伴关系

伙伴关系研究发端于冷战时期，中国的伙伴关系研究开始于冷战结束之后。整体来看，中国伙伴关系研究包含两个基本维度：一是中国对中国自身伙伴关系的研究，二是中国对伙伴关系自身以及其他国家伙伴关系的研究。这两个维度又同时存在着两个不同的方面：一方

---

① 陈永：《中美倡导的伙伴关系研究：演变过程与概念界定》，《国际政治研究》2016年第5期。
② 门洪华、刘笑阳：《中国伙伴关系战略评估与展望》，《世界政治与经济》2015年第2期。
③ 北京市习近平新时代中国特色社会主义思想研究中心：《推动构建全球伙伴关系网络》，《人民日报》2019年9月20日。
④ 任寰宇：《持续拓展全球伙伴关系网络》，《人民日报》2019年8月3日。
⑤ 张萍：《国际政治系统中的外交：过程与基本形态——一个政治传播学的分析框架》，《国际关系研究》2017年第5期。

面是中国学界的研究，另一方面是中国官方包括官方媒体的阐释和论述。学术研究和官方阐述是中国伙伴关系研究的两个基本范畴，学界和政界是中国伙伴关系研究的两大场域。

从学术史的角度来看，中国的伙伴关系研究起源于20世纪90年代初。[①]中国的伙伴关系研究并不是从研究中国伙伴关系开始的，而是从研究其他国家伙伴关系开始的。梳理发现，1991—1995年，中国学界是从关注美国伙伴关系开始的，最早研究的是美日伙伴关系，《东京宣言》的签订以及美日全球伙伴关系的正式确立，标志着两国关系进入了新阶段。[②]此外，中国学者也从安全关系、经济关系、政治关系三个维度对美韩伙伴关系进行了译介。[③]无论是美日伙伴关系还是美韩伙伴关系，都是同盟关系基础上的伙伴关系，正所谓"联盟伙伴关系"。[④]1992年美俄签订《华盛顿宪章》，建立伙伴关系，美俄伙伴关系成为国内学界关注和研究的一个重要方向。[⑤]美国与其他国家建立的伙伴关系是学界关注最多的双边性伙伴关系模式，包括美日、美韩、美俄、美印等。在20世纪90年代上半期，北约的"和平伙伴关系"是国

[①] 以"伙伴关系"为关键词，从中国知网数据库检索结果可知，中国学术研究中最早出现"伙伴关系"的文献是1982年的《日本和西欧：伙伴关系和竞争对手》，但只是在论文标题中出现了"伙伴关系"，内容并未对伙伴关系进行系统性的分析，而且论文是译作，并非中国学者的研究，严格意义上说，这并非中国伙伴关系研究，详情参阅[苏]尔·阿利那夫：《日本和西欧：伙伴关系和竞争对手》，《国际经济评论》1982年第2期。

[②] 张宝珍：《评日美伙伴关系》，《经济研究参考》1992年第Z2期。

[③] [韩]安秉俊：《韩美伙伴关系的形成》，惠淑译，《国际政治研究》1992年第2期。

[④] 吴芳桂：《联盟伙伴关系紧张》，《世界知识》1993年第12期。

[⑤] 宏治：《不对等的平衡——俄美"伙伴关系"浅析》，《世界知识》1992年第14期；秦永椿：《论美俄伙伴关系及其对东北亚格局的影响》，《和平与发展》1992年第4期；小光、新波：《略论俄美"伙伴关系"》，《东欧中亚研究》1994年第6期；[美]兹比格涅夫·布热津斯基：《不成熟的伙伴关系》，刘文生译，《国际政治研究》1994年第3期；[俄]安德烈·科济列夫：《滞后的俄美伙伴关系》，文森、叶正义译，《国际政治研究》1994年第4期。

伙伴关系：中国与世界

内学者关注的第一个非双边性的伙伴关系模式，①美欧推动下的"经济伙伴关系"是中国学界研究的第一个领域性的伙伴关系模式。②无论是"和平伙伴关系"还是"经济伙伴关系"，在中国学者看来，都是美国和西欧向中东欧扩展影响的战略手段。除此之外，中国学者也对美欧伙伴关系、俄欧伙伴关系等双边性伙伴关系进行了研究。

1995年之后，中国伙伴关系逐渐进入中国学者的研究视野。中国学界研究的第一对中国伙伴关系是中俄伙伴关系，从"建设性伙伴关系"③到"战略协作伙伴关系"④，中俄伙伴关系是该时期中国伙伴关系研究的重心。从某种意义上说，中国伙伴关系发展缘起于中俄伙伴关系，中国伙伴关系研究也开端于中俄伙伴关系研究。中俄伙伴关系是20世纪90年代中后期中国建立的第一对大国伙伴关系，是发展最快的中国伙伴关系，也是中国周边伙伴关系网络构建的第一个伙伴关系，同时，也是中国学者研究最多的中国伙伴关系。1996年的中尼睦邻伙伴关系、⑤1997年的中哈全面合作伙伴关系，⑥都成为中国学者研究的对象。1997年《中美联合声明》签订，两国确立了"面向21世纪的建设性战略伙伴关系"，中国建立了第二对大国伙伴关系。中美伙伴关系的确立

---

① 正颂：《不和平的伙伴关系——评美国的北约"为了和平而建立伙伴关系"的计划》，《世界知识》1993年第24期；陈宣圣：《北约"和平伙伴关系计划"对欧洲安全格局的影响》，《国际展望》1994年第8期；高华：《俄加入北约"和平伙伴关系计划"评析》，《世界经济与政治》1995年第2期。
② 杨明杰：《"东进战车"第二只车轮——"经济伙伴关系"》，《世界知识》1994年第14期。
③ 殳祥娣、王郦久：《中俄关系的发展与前景》，《现代国际关系》1995年第10期。
④ 郑羽：《中俄战略协作伙伴关系评析》，《国际经济评论》1996年第Z3期。作者对战略协作伙伴关系进行了阐释：其中的"战略"一词是指这种关系的作用范围的全局性和全球性，而不再仅仅是一种单纯的双边关系；"协作"是指这种关系的性质，不具有联盟的特质所规定的约束性和双方相互担义务的规定性，而是一种在双方协商共识基础上的外交合作；"伙伴关系"是指双方在这种关系中的平等地位。这是国内学者第一次从学理的角度界定"战略协作伙伴关系"。
⑤ 王宏纬：《努力建设中尼世代友好的睦邻伙伴关系》，《南亚研究》1997年第1期。
⑥ 许涛、何希泉：《"共同构筑面向二十一世纪的全面合作伙伴关系"——中哈双边关系发展情况》，《国际资料信息》1997年第10期。

第一章 中国伙伴关系的基本理念

成为中国伙伴关系发展进程中的标志性事件,其外溢效应促生了中国伙伴关系发展的第一次高潮。在中美伙伴关系的带动下,中国与西方国家的整体关系出现了一次大幅度调整,比如,中英伙伴关系的建立和发展。①因此,中美伙伴关系研究成为国内学者关注的焦点。②自此之后,中俄与中美伙伴关系成为中国学者关注最多的两对伙伴关系,中美关系研究的热度一度超过了中俄关系。在周边伙伴关系布局中,中国学者开始研究中日友好合作伙伴关系和中韩合作伙伴关系。③两者是中国周边伙伴关系布局拓展的重要成果,也是中国改善周边外交形势的重要举措。

1996年3月召开了首届亚欧首脑会议,中国加入了第一个多边性、区域性伙伴关系框架,"面向21世纪的新型伙伴关系"成为中国学界关注的第一个集体性伙伴关系。④然而,1997年12月中国与东盟确立的"面向21世纪的睦邻互信伙伴关系"则是中国与地区国家组织构建的第一个双边性、区域性伙伴关系。⑤1998年中国领导人访问欧洲,欧盟委员会出台对华政策文件《与中国建立全面伙伴关系》,中国与第二个地

---

① 郑华俊、潘志兴:《浅论面向二十一世纪的中英合作伙伴关系》,《国际观察》1999年第2期。

② 席来旺:《建立面向21世纪的中美战略伙伴关系》,《现代国际关系》1997年第11期;柯居韩:《中美"建设性战略伙伴关系"评析》,《世界经济与政治》1997年第12期;杨洁勉:《试论中美建设性战略伙伴关系》,《国际观察》1997年第6期;张业亮:《论建立面向21世纪的中美建设性战略伙伴关系》,《国外社会科学情况》1998年第1期。

③ 徐德荣、向冬梅:《论中韩建立面向21世纪的合作伙伴关系的背景》,《世界经济与政治论坛》1999年第2期;徐文吉:《论中韩建立合作伙伴关系的意义及其前景展望》,《东北亚论坛》1999年第4期;蔺运珍:《评析中日友好合作伙伴关系》,《发展论坛》1999年第2期;方连庆:《构筑面向21世纪的中日友好合作伙伴关系》,《国际论坛》1999年第6期。

④ 马光、袁莉:《努力构筑新型的亚欧关系》,《亚非纵横》1996年第1期;张骥:《面向21世纪的新型伙伴关系》,《国际社会与经济》1996年第4期;石泽、王毅:《亚欧关系新发展及其对世界格局影响》,《国际问题研究》1996年第3期。

⑤ 陈剑峰:《论中国和东盟建立睦邻互信伙伴关系的基础》,《湖州师专学院(哲学社会科学)》1998年第1期;陆建人:《世纪之交:中国对东盟的外交战略》,《太平洋学报》1998年第1期;张锡镇:《中国同东盟的睦邻互信伙伴关系》,《当代亚太》1999年第2期。

伙伴关系：中国与世界

区国家组织之间的伙伴关系进入了国内学者的研究视野。①中国-东盟和中国-欧盟伙伴关系成为中国伙伴关系的两大突破，以其为代表的双边性、区域性伙伴关系也成为中国伙伴关系研究的一个重要范畴。除此之外，也有研究从推进双边关系发展的角度出发，对中韩、中德等双边性、国别性伙伴关系进行分析和阐释。②

在此阶段，其他国家间的伙伴关系也是中国学者的研究内容之一。1998年1月签订的《美国-波罗的海三国伙伴关系宪章》③成为美国推动北约东扩的重要步骤。这是一国与多国同时建立伙伴关系，与通常意义上的一国与另一国建立的双边性伙伴关系存在一定的差别。此外，中国学者也对以欧盟为代表的西欧伙伴关系发展进行了分析，④重点梳理了当时的欧美、欧俄、中欧伙伴关系，对当时的俄日伙伴关系、英美的国际战略伙伴关系、印度-东盟伙伴关系等重要的双边性伙伴关系进行了深入研究。⑤

20世纪90年代晚期，中国学界的伙伴关系研究表现出了一个新特点，除上述国别性、区域性的伙伴关系实践研究之外，中国学者开启了伙伴关系的理论研究和比较研究。伙伴关系理论研究是从比较分析"同盟"与"伙伴关系"开始的，并对当时国际社会的"伙伴关系热"

---

① 谭红平、彭武元：《欧盟的〈与中国建立全面伙伴关系〉文件评析》，《欧洲》1998年第6期。
② 王金标：《走向二十一世纪的中德"重要伙伴关系"》，《德国研究》1996年第1期；王金标：《在新形势下构建中国与德国的"战略伙伴关系"》，《现代国际关系》1998年第2期。
③ 泉水、常志忠：《〈伙伴关系宪章〉纵横谈》，《世界知识》1998年第4期。
④ 申义怀：《西欧外交进入了与大国建立"伙伴关系"的新阶段》，《现代国际关系》1998年第2期；范建中：《欧盟和俄罗斯：发展伙伴关系的现状与前景》，《国外社会科学情况》1998年第3期。
⑤ 李靖宇、张永广：《俄日关系调整的原因、进程与前景》，《和平与发展》1998年第4期；张顺洪：《论战后英美国际战略伙伴关系》，《世界历史》1998年第6期；刘善国：《印度与东盟建立伙伴关系对我国安全的影响》，《南亚研究》1999年第2期。

进行了原因分析。① 伙伴关系比较研究是从区分中美、中俄、俄美伙伴关系开始的，② 三对大国伙伴关系是当时国际社会中最重要的伙伴关系。也有学者对伙伴关系的类型进行了综述性分析。③ 中国伙伴关系研究在此期间也出现了一些新的转向，开始有学者对中国伙伴关系的发展特点、发展背景、目标手段等理论问题进行探讨，而且把伙伴关系上升到了战略的高度，首次提出了"伙伴战略"。④ 理论研究成为中国伙伴关系的一个新趋向，不仅包括一般性的伙伴关系理论研究，也包括特殊性的伙伴关系理论研究。其中，中国自身伙伴关系理论研究日益凸显。

20世纪90年代，可谓是中国伙伴关系发展的初始阶段，也是中国伙伴关系研究的初始阶段。通过梳理和分析相关文献可知，中国伙伴关系研究早于中国伙伴关系发展，中国自身的伙伴关系研究晚于中国对其他伙伴关系的研究，伙伴关系的理论研究晚于伙伴关系实践研究，区域性、领域性、多边性伙伴关系研究晚于双边性伙伴关系，大国伙伴关系是早起研究的主线。

通过比较近十余年的伙伴关系研究与20世纪90年代的伙伴关系研究，可以发现中国伙伴关系研究的一些基本规律。首先，中国伙伴关系发展史与研究史并不同步，实践内容很丰富，伙伴关系内容也很丰富，但是研究大多关注大国伙伴关系、热点伙伴关系，或者说，伙伴关系研究并未覆盖所有伙伴关系实践，无论是20世纪90年代还是20世

---

① 张晓玉：《论大国关系由"同盟"向"伙伴"的转变》，《当代亚太》1997年第5期；张晓玉：《浅析大国"伙伴关系"热出现的原因》，《当代亚太》1998年第2期。
② 房乐宪：《对中俄、中美战略伙伴关系的几点认识》，《教学与研究》1998年第9期；谢波：《试析"伙伴关系"——兼论美俄、中美和中俄伙伴关系》，《外交学院学报》1998年第3期。
③ 孙宝珊：《试论冷战后国际关系中的伙伴关系》，《太平洋学报》1999年第2期。
④ 房广顺：《发展具有中国特色的对外伙伴关系》，《辽宁大学学报（哲学社会科学版）》1999年第6期；陈志敏：《伙伴战略：世纪之交中国的现实理想主义外交战略》，《太平洋学报》1999年第3期。

纪90年代之后，情况都是如此。其次，伙伴关系实践研究多于理论研究，具体性的伙伴关系分析一直是中国伙伴关系研究的主体，而抽象性的伙伴关系研究则关注不多。理论研究从20世纪90年代就已出现，但至今尚未形成研究显学。最后，国别性、双边性伙伴关系研究多于区域性、多边性伙伴关系研究，单一性研究多于综合性比较性分析。

除了上述一些共性的特点之外，随着中国伙伴关系实践的不断发展，中国伙伴关系研究也出现了一些新特点：第一，中国自身的伙伴关系研究逐渐成为中国学界关注的重心，而其他国家的伙伴关系研究逐渐减少；第二，研究形式和成果样式日益多样化，不仅有期刊类论文、硕博学位论文，[①]也有专著类成果；[②]第三，研究内容更加多元、庞杂。研究手段不仅有定性分析，也出现了定量分析。

以20世纪90年代的中国伙伴关系学术史为重点分析对象，系统梳理中国伙伴关系研究的基本脉络和主要特点，从研究的视角把握对中国伙伴关系的认识、认知和认同过程，厘清中国伙伴关系发展的一些基本逻辑。

第三节　官方话语中的中国伙伴关系

伙伴关系在中国的外交语境中具有政治关系的意义，中国对伙伴关系的认知、接受、发展经历了一个较为复杂的过程，中国官方对伙伴关系的态度不仅影响着中国伙伴关系进程，而且也决定着中国伙伴

---

① 如：马程《交往行为理论视域下的中国伙伴关系研究》，吉林大学2020年博士学位论文。该论文对中国伙伴关系的研究过程以及发展过程都作了较为详尽的梳理和总结。

② 任远喆：《构建全球伙伴关系网络：历史发展与现实路径》，经济科学出版社2020年版。

关系的基本内涵和理念。梳理中国外交语境中伙伴关系的变迁历程，研究中国官方话语中的伙伴关系特点，对于把握中国伙伴关系本质具有重要意义。在此，以《人民日报》和政府重要文件为研究样本，从另一个维度分析中国伙伴关系发展的基本逻辑。

通过对人民日报图文数据库（1946—2021年）中相关文献进行梳理和分析发现，中国官方媒体中出现"伙伴关系"的时间早于中国伙伴关系实践开始的时间，在中国伙伴关系发展之前中国就已开始关注世界其他国家的伙伴关系。这再次表明，在国际政治领域伙伴关系产生于冷战时期，而中国伙伴关系发端于冷战之后。综合分析冷战期间《人民日报》相关文本可以发现，这期间中国主要是对美欧日苏等大国的伙伴关系进行报道和评论，其中，以美国伙伴关系尤多。这段时期，由于中国尚未建立伙伴关系，因此中国政府主要是评论国际上其他国家的伙伴关系，表达自己对伙伴关系的认识和态度，也宣示中国对国际形势以及国际事件的立场态度。中国对伙伴关系的认识经历了批判否定、反思接受等阶段性转变。[1]中国对伙伴关系态度的转变同中国与世界关系转变密切相关，同中国与其他国家尤其是大国关系的转变密切相关，同中国外交战略和外交政策的调整密切相关，同中国外交实践和外交行为的改变密切相关。《人民日报》初次出现"伙伴关系"是在1953年，是对美英法三边关系进行评论。[2]从一开始起，中国对伙伴关系的态度就是有差别的：对美苏大国关注较多，对其他国家关注较少；对美苏伙伴关系态度变化较大，对其他国家伙伴关系态度变化较小。

---

[1] 关于冷战时期中国对伙伴关系态度的变化过程，详情可参阅马程《交往行为理论视域下的中国伙伴关系研究》，吉林大学2020年博士学位论文。
[2] 《"消息报"外交观察家评美英法三外长会议》，《人民日报》1953年7月13日。

伙伴关系：中国与世界

冷战结束之后，尤其是进入21世纪以来，中国伙伴关系从无到有、从小到大，规模不断发展壮大，中国伙伴关系实践不断丰富，中国官方对中国自身伙伴关系理念和发展的关注也逐渐增多，伙伴关系逐渐成为中国外交话语中的高频词。首先，《人民日报》等其他官方媒体上出现了大量介绍和阐述中国伙伴关系特点的评论和报告，对外宣介中国伙伴关系。其次，中国领导人和政府官员在多种场合介绍中国伙伴关系，包括在多边会议上发表讲话，在高层互动中阐释，在外交政策文件中论述等。最后，在党和国家的重大政策报告中写入中国伙伴关系。2012年在党的十八大报告中，"伙伴关系"第一次写入中国共产党的纲领性文件，"建立更加平等均衡的新型全球发展伙伴关系"①成为党的一项重要外交政策主张。2017年党的十九大报告主张，中国要积极发展伙伴关系，"扩大同各国的利益交汇点，推进大国协调和合作，构建总体稳定、均衡发展的大国关系框架，按照亲诚惠容理念和与邻为善、以邻为伴周边外交方针深化同周边国家关系，秉持正确义利观和真实亲诚理念加强同发展中国家团结合作。加强同各国政党和政治组织的交流合作，推进人大、政协、军队、地方、人民团体等的对外交往"。②大国伙伴关系、周边国家伙伴关系、发展中国家伙伴关系成为中国伙伴关系实践的三大核心支柱。从伙伴关系在中国官方话语体系中的发展演变历程可以看出，伙伴关系在中国对外交往中的地位和作用不断加强，中国伙伴关系实践发展的顶层设计更加完善。

本章从最一般意义的"关系"研究入手，分析了关系、伙伴关系、

---

① 胡锦涛：《坚定不移沿着中国特色社会主义道路前进 为全面建成小康社会而奋斗——在中国共产党第十八次全国代表大会上的报告》，《求是》2012年第22期。

② 习近平：《决胜全面建成小康社会 夺取新时代中国特色社会主义伟大胜利——在中国共产党第十九次全国代表大会上的报告》，《人民日报》2017年10月28日。

中国伙伴关系三个彼此联系而又相互区分的基本概念。在明晰了中国伙伴关系内在特性的基础上,分别从学术史研究和官方文献梳理两个维度观察了中国伙伴关系研究的基本形态,分别从不同的视角探析了中国伙伴关系在学术研究和官方叙事中的基本样貌。

第二章
中国伙伴关系的基本特征

中国伙伴关系是全球伙伴关系体系的组成部分,中国伙伴关系不仅具有一般性伙伴关系的基本特点,也具有中国伙伴关系自身的独特性,即伙伴关系的中国特色,包括中国理念、中国结构、中国选择等。此外,中国伙伴关系与其他国家的伙伴关系也存在一定的差异性。伙伴关系的中国特色来源于两个方面:一是中国传统文化和中国传统外交思想,即中国伙伴关系的思想渊源;二是中国伙伴关系的中国实践,即中国伙伴关系的发展历史和演变进程。两个方面相互作用,相互影响,思想渊源涵养和推动实践发展,发展实践践行和体现传统理念。本章首先分析一般性伙伴关系的基本特点、中国伙伴关系与美国伙伴关系的特性差异,在此基础上梳理中国伙伴关系独有的一些特点。其次分析中国伙伴关系的思想渊源和思想特点,主要从传统思想文化、传统外交思想和中国特色大国外交思想三个方向进行分析。最后研究中国伙伴关系的实践特点。

第一节　中国伙伴关系的理念特点

伙伴关系理念是指伙伴关系的内涵构成，正如上文所述，伙伴关系的最核心内涵是关系，是关系行为体的互动全部内容和过程。中国伙伴关系是中国与伙伴关系国的互动关系，包含着丰富的内容。分析中国伙伴关系的理念特性先从分析一般性的伙伴关系开始，在此基础上聚焦中国伙伴关系的理念内涵及其特征。

1. 一般性伙伴关系的特点

伙伴关系是行为体互动的一种方式、一种态度、一种身份，在国际社会环境中，伙伴关系是国家间交往互动的一种合作关系，伙伴关系是国际关系中以伙伴方式和伙伴身份交往的一类特殊关系，是国际关系中的一种关系。伙伴关系还是一种外交关系，其发生在一国的对外交往过程中，是一国外交行为的表现，伙伴外交是以伙伴定位的外交关系。

从最一般的意义上分析，伙伴关系具有如下几个基本特征。

第一，合作性。伙伴关系之所以成为"伙伴关系"，是因为关系的双方都是以伙伴来定位彼此在关系体系中的角度和身份。"伙伴"最本质的意义则是"合作"，只有合作才能成为伙伴，合作是伙伴最本质的属性，合作性是伙伴关系一切特性的基础。伙伴关系行为体之间的合作因行为体互动的方式、交往的态度以及彼此的权力结构和认知结构不同而存在一定的区分和差异，伙伴关系行为体之间的合作可能是强迫性的，即行为体是在一定的条件下被迫进行合作的，也有可能是非强迫性的，但无论是哪种情形，只有实现了合作，伙伴关系才有望成立或者发展。

第二，利益性。伙伴关系的利益性是指伙伴关系行为体的交往互动都是基于一定的利益需求，或者说伙伴关系都是在利益驱动下建立的。利益是伙伴关系存续的核心要件，伙伴关系因利益而生，因利益而行。伙伴关系维系的利益可以是伙伴各方的共同利益，也可能是伙伴关系一方的个体利益，可能是利己性的，即关系结果利于行为体一方而不是双方，也可以是互利性的，即关系双方都获益。当然，也可能是超越行为体利益的共有利益，如蓝色伙伴关系所追求和所实现的利益不仅关涉行为体各方，而且关涉全人类。

第三，多元性。伙伴关系的多元性基本体现在三个方面：一是关系内容的多元性，伙伴关系的合作内容几乎可以覆盖所有的国际关系内容，政治、经济、文化、安全、国际治理等多领域，美国建立的部分伙伴关系还会涉及军事合作。二是关系形式的多元性，行为体之间可以建立双边性的伙伴关系也可以建立多边性的伙伴关系，可以是战略伙伴关系也可以是合作伙伴关系，可以是议题性的也可以是综合性的。三是关系功能的多元性，对于不同的国家来说，伙伴关系具有不同的作用和功能，对于大国来说，伙伴关系有助于减少战略承诺和经济成本，规避同盟所带来的"强迫性"负担，增加对外行为的选择性。对于小国来说，伙伴关系有助于保持战略自主性和主动性。

第四，灵活性。伙伴关系的灵活性主要体现在伙伴对象选择的灵活性方面。伙伴关系对象国的选择和确定不同于同盟关系，一个国家可以同时与多个彼此间关系多样的国家保持伙伴关系，而不会如同盟关系那样受到同盟关系的约束，限制其选择空间。另外，伙伴关系还有建构方式的灵活性，行为体之间可以通过共同宣言或声明的方式确立伙伴关系，也可以通过领导人发表讲话的方式建立伙伴关系，还可以通过领导人互动等方式建立伙伴关系。

第五，双重价值性。通常意义上说，伙伴关系是追求和实现关系行为体利益目标的手段或者工具，工具价值是伙伴关系突出的特点。除此之外，伙伴关系也是行为体的一种行为表达或者思想表达，伙伴关系本身反映了行为体行为的性质和特点，其具有符号价值的特点和意义，有助于行为体间的合作。这表明伙伴关系不仅具有工具理性，也具有价值理性。

2. 伙伴关系与同盟关系

从根本上说，伙伴关系和同盟关系都是国家间关系，都是行为体间互动和互识的框架和模式，也都是行为体对互动关系的一种认知和态度。但是，两者之间也存在着一些较为明显的差异。

第一，同盟关系具有强针对性，而伙伴关系没有。同盟关系的确立通常是针对某一特定国家或者国家集合体而建立的，其针对性、目的性很明确，敌对性倾向较为凸显。而伙伴关系只是关系行为体通过协商合作而建立的，其通过不具有针对或者敌对第三国的意义。

第二，同盟关系具有强排他性，而伙伴关系则没有。互为同盟关系的行为体，不可与盟友的敌人建立同盟关系，而互为伙伴关系的行为体，则可与所有的行为体建立伙伴关系。同盟关系排斥盟友的敌人进入同盟体系，而伙伴关系则允许所有国家成为伙伴。

第三，同盟关系强调共同威胁，伙伴关系强调共同利益。同盟关系因应对共同威胁、平衡权力、负担责任而建立，伙伴关系因基于共同利益、共享权力而建立。两者发展的驱动力不同。

第四,同盟关系具有强军事性,而伙伴关系没有。目前几乎所有的同盟关系实践都是军事性质的合作关系,都是侧重于军事领域,而伙伴关系主要关注非军事性合作,包括政治、经济、安全、文化等多领域。

第五,同盟关系具有强约束力,而伙伴关系相对约束力较弱。同盟关系互动的机制性较强,制度化水平较高,关系成本较大,关系行为体的行为具有严格的法律规定性,行为约束性、强制性较为突出。伙伴关系对关系行为体行为没有强制性、法律性要求,行为体也无须为其非关系行为承担过多或过大的关系成本,而且行为体可以灵活加入或者退出关系框架。

第六,同盟关系强调共有价值观,伙伴关系则没有此特点。除了军事安全利益诉求之外,共同的价值理念和文化品质也是同盟关系确立的重要前提,具有相同价值观,拥有相同的文化基因和文明记忆,通常是同盟关系存续的基本要求。而在伙伴关系中,意识形态、价值观等因素影响较为弱化,不同文化背景、不同价值理念的行为体之间也可因共同的利益诉求而成为伙伴。

第七,同盟关系具有强机制性。同盟关系的建立变更通常都是由正式的条约或者协定规定的,同盟关系体系是由诸多正式的合作协调机制支撑的,合作关系制度化水平较高,同盟行为体的行为受到同盟机制的严格制约和限制。而伙伴关系则相对较为灵活,关系行为体的自由度空间相对较大,伙伴关系中建立的合作机制和平台一般不具有强制约束力,伙伴关系强调行为体间的协调性。

第八,伙伴关系具有强议题性,同盟关系则较弱。由于伙伴关系强调包容,强调不针对性、协商性、和平性、公共性,因此在全球治理议题上,伙伴关系可发挥积极作用。面对全面性的、普遍性的全球性问题，所有人、所有国家和组织都无法逃避，伙伴关系为全球性议题的解决提供了有益的方案，而同盟关系则不具有这样的优势。

3. 中国伙伴关系与美国伙伴关系

从实践演变的历史进程和发展现状来看，中国和美国无疑是当今世界伙伴关系发展最成熟、最系统的两个大国，都在不同的时间区隔内影响着国际格局的变动和建构。但是中国并不是西方意义上的传教式社会，[①]并不需要别国的皈依，中美两国的伙伴关系发展是两条不同的发展路线，具有迥然不同的内容构造和发展特点。

第一，从发展进程来看，美国伙伴关系起源于冷战时期，中国开始于冷战结束后，美国的伙伴关系历史要比中国的伙伴关系发展史长。第二，美国首创了伙伴关系，但是中国"再创"了伙伴关系，中国伙伴关系的特点和内容都与美国存在着极大的不同，从某种程度上说，中国伙伴关系是中国外交思想之核与国际伙伴关系之形的有机结合。第三，从内容构成来看，联盟是美国伙伴关系体系的基础，伙伴关系是美国联盟体系的补充，两者相互促进、相互影响。而中国的伙伴关系只是关系行为体在各领域合作交流的有效平台，中国伙伴关系与同盟关系具有明确的区分和差别。第四，美国的伙伴关系针对性较强。与同盟关系相类似，美国构建的伙伴关系体系具有较强的针对性和敌对性，基本上是以特定的假想敌为目标建立的，而中国伙伴关系坚持"不结盟、不对抗、不针对第三国"，中国伙伴关系没有假想敌，只有合作伙伴。第五，美国伙伴关系具有较强的意识形态色彩。美国通常以价值观外交为手段，以同伙伴关系对象的价值观契合程度为条件，考虑是否建立伙伴关系，或者是以促使伙伴关系对象"意识形态化"为目

---

① [美] 亨利·基辛格：《世界秩序》，胡利平等译，中信出版社2015年版，第280页。

标开展伙伴关系，价值观在其伙伴关系实践中占据重要位置。中国伙伴关系不强调价值观的异同，中国认为"志同道合是伙伴，求同存异也是伙伴"，中国不以改变伙伴关系国的价值观或者意识形态为目的，中国主张"和而不同"。

4. 中国伙伴关系的内涵特点

第一，中国伙伴关系贯穿着不结盟理念。"不结盟、不对抗、不针对第三国"原则（简称"三不"原则）是20世纪90年代初，中国伙伴关系发展之时确立的基本理念。"在坚持不结盟原则的前提下广交朋友，形成遍布全球的伙伴关系网络"是2014年中央外事工作会议上确定的伙伴关系发展方向，不结盟原则依然是中国伙伴关系实践的指导原则。"对话而不对抗，结伴而不结盟"是不结盟原则的生动体现。2021年中国外长撰文阐释，中国伙伴关系理念是共赢而非零和，中国的伙伴关系之路是结伴而不结盟、对话而不对抗的国与国交往新路，中国的伙伴关系网络是共同而非排他的"朋友圈"，中国反对结盟对抗、零和博弈的冷战思维。不结盟理念是中国传统外交思想的继承，是中国新时期外交理念的坚守，也是中国伙伴关系区别于其他国家伙伴关系的显著标志；不结盟原则体现了中国伙伴关系的非敌对性、非对抗性和非针对性。

第二，中国伙伴关系蕴含着平等理念。无论国家规模大小或者发展水平高低，中国都坚持真诚相对、平等相待，针对所有的伙伴关系国，都坚持尊重其国家主权、尊重其道路选择、尊重其文化理念，平等开展互动，平等进行合作。平等性不仅指中国伙伴关系行为选择上是平等的，而且也是说中国对待所有伙伴关系国都是一视同仁的，伙伴关系对象选择上也是平等的。平等互利是中国和平共处五项原则的重要内容，国际关系民主化主张权利平等、机会平等、规则平等。平

伙伴关系：中国与世界

等思想已成为中国处理与世界关系、推动构建人类命运共同体的理念支撑，指引着中国伙伴关系实践发展。

第三，中国伙伴关系孕育兼容理念。在和平共处五项基本原则下，中国愿同所有国家或者国际组织建立伙伴关系，中国伙伴关系超越意识形态和社会制度，超越冷战思维、零和思维。中国伙伴关系的兼容性不仅体现在关系对象上，也体现在关系内容上，传统友邦可建立伙伴关系，新建交国家也可建立伙伴关系，大国可建立伙伴关系，小国也可建立伙伴关系，有矛盾的国家可以建立伙伴关系，与同盟国家也可建立伙伴关系，只要关系行为体各方存在共同利益，都有可能成为伙伴。从关系内容上，中国伙伴关系几乎覆盖所有内容，高政治性领域、低政治性领域都可覆盖，内容极其丰富。

第四，中国伙伴关系彰显和合理念。合作是中国伙伴关系的核心功能定位，和平是中国伙伴关系发展的价值诉求，志同道合可以合作，求同存异也可合作，强调行为体间利益的共同性、共享性，主张有差异的合作，有区别的共享，追求利益最大公约数，不谋求行为体利益全覆盖。中国主张构建共同而非排他的"朋友圈"，强调伙伴之间和而不同、和谐共生。

第五，中国伙伴关系体现辩证思维。中国伙伴关系始终坚守和平共处五项原则，坚持不结盟原则，坚持同所有国家命运与共，伙伴关系的思想本源始终未变。然而，在不同的环境条件和时代背景下，中国伙伴关系呈现不同的实践过程与路径，表现出不同的关系样式和交往形式，形成了丰富多变的内容体系，这是中国伙伴关系发展演变的内在机理。不变的是理念和思想，变的是形态和内容，变与不变辩证统一，相辅相成。中国伙伴关系在坚守中不断前进，在发展中保持初心，走出了一条国与国交往的新路。此外，中国始终是世界和平的建设者、全球发展的贡献者、国际秩序的维护者。中国是世界和平与发展的积极因素，中国的发展有益于世界的发展。世界的和平稳定为中国发展创造了良好的外部环境，为中国对外交往提供了有利条件。伙伴关系是中国与世界良性互动的重要方式，是维护国家利益与促进世界和平发展的辩证统一。

第六，中国伙伴关系凸显系统思维。中国主张发展同所有国家的伙伴关系，主张构建互联互通的全球伙伴关系网络。中国伙伴关系构建强调整体布局，系统谋划，综合发展，针对不同的伙伴关系对象，采取不同的伙伴关系路径，既尊重伙伴对象的个体差异性，又兼顾关系整体的系统性。伙伴关系内容复杂、形态多样，路径选择多元变动。中国坚持"因地制宜、因时制宜"，在统筹谋划中兼顾个体差异。全球伙伴关系网络是一个复杂系统，每一个具体的伙伴关系也都是一个独立的小系统，彼此关联，相互影响，系统联动，共同发展。

第七，中国伙伴关系体现守正创新。关系内涵的坚持性和持续性是中国伙伴关系的根本属性，但是这并不代表僵化不变，是守政与创新的有机统一。平等性、和平性、包容性是新时代中国伙伴关系发展的基本特征，始终指导着中国伙伴关系的发展。但是党的二十大强调，深化拓展平等、开放、合作的全球伙伴关系。[①]在新的历史节点上，中国伙伴关系的特征转向了平等性、开放性、合作性。在坚持平等、和平、包容的同时，中国伙伴关系更加注重开放合作的重要性，在不断开放中赢取机遇，在强化合作中实现共赢。中国的伙伴关系是开放的，不仅对所有国家开放，而且是全过程开放、全时段开放；与此同时，中国不仅通过伙伴关系与伙伴国合作，而且也与非伙伴国合作，不仅

---

① 习近平：《高举中国特色社会主义伟大旗帜　为全面建设社会主义现代化国家而团结奋斗——在中国共产党第二十次全国代表大会上的报告》，《人民日报》2022年10月26日。

注重直接合作也重视间接合作,中国不搞对立,也不利用伙伴关系搞对立、拉阵营、建圈子。新理念与原有理念是一脉相承的,都体现了中国对外行为的新思路,凸显了中国对外交往的新思想(见图2-1)。

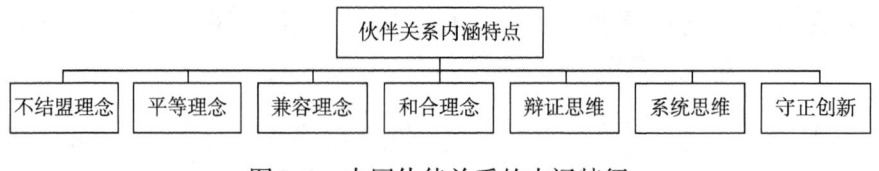

图2-1　中国伙伴关系的内涵特征

第二节　中国伙伴关系的思想特点

正如中国不是伙伴关系的首创一样,中国伙伴关系的思想构成也不是凭空而生的,其不仅吸收了其他国家伙伴关系理论与实践的合理部分,而且继承了中国的传统思想,是伙伴关系实践与中国传统文化的有机结合,也继承和发扬了中国外交的传统理念,与中国传统的外交思想一脉相承。除此之外,中国伙伴关系也是新时代中国特色大国外交思想的重要体现,是在习近平外交思想指导下不断发展和完善的。中国伙伴关系的思想内涵是过去与传统、继承与发展的有机统一。

1. 中国传统思想理念

中国伙伴关系的发展实践根植于中国传统思想理念,是中国的传统文化孕育了中国伙伴关系,为中国伙伴关系发展提供了重要的思想之源。

互助精神。中国传统文化推崇"众人拾柴火焰高",强调互助合作，只有相互扶持、相互支撑才能获取最大利益，助人亦是助己。伙伴关系主张行为体之间守望相助、合作共赢，强调相向而行、通力合作。中庸思想。"和合中庸""和而不同""兼容共存"都是中华文化里中庸思想的集中反映，中国伙伴关系继承并发扬了中国的传统思想，强调求同存异，尊重别国的历史文化，尊重别国的选择偏好，不强求、不强迫，尊重世界的多样性，懂得欣赏、赞美，各美其美，美人之美，进而实现利益最大公约数。中国传统文化中的天人合一、天地调和，协和万邦，天下大同，以和为贵等思想，是"和合主义"的具体表现。其强调合作、和谐，与伙伴关系外交的合作理念是一脉相承的。此外，正确义利观体现出的义以为上、见利思义理念，亲诚惠容周边外交理念体现的亲仁善邻、兼爱非攻思想，新型国际关系承载的协和万邦、立己达人愿景，人类命运共同体理念彰显的天下为公、和衷共济胸怀，都是中国传统思想在当下中国伙伴关系实践的具体体现。

2. 新中国外交传统思想

新中国的成立开启了中国外交的新篇章。为了保持国家独立和领土完整，从20世纪50年代起中国就确立了独立自主的和平外交原则，独立自主地开展对外交往。在国家独立自主的前提下，中国也积极发展与世界其他国家的正常关系，拓展中国的国际空间。为了与不同社会制度的国家开展外交关系，中国积极探索，开创性地确立了以互相尊重主权和领土完整、互不侵犯、互不干涉内政、平等互利、和平共处为内容的和平共处五项原则，中国主张坚持和平共处五项原则同一切国家建立关系。20世纪80年代，在新的国际环境条件下，中国又确立了不结盟、不称霸的外交原则，作为指导中国开展大国关系的重要原则。中国伙伴关系继承了新中国外交传统中的独立自主和平外交原则、和平共处五项原则、不结盟原则等，并且在新的历史时期不断发扬壮大。

3. 中国特色大国外交理念

伙伴关系是中国特色大国外交的重要内容，中国的世界秩序观、国际责任观和国家利益观是中国特色大国外交的重要思想内涵，突出表现了具有鲜明特色的外交理念。[①]无论是和平合作的新型国际关系构建，还是不冲突、不对抗、相互尊重、合作共赢的新型大国关系准则，都充分彰显了中国传统的文化思想，也都是中国伙伴关系外交的重要体现，中国伙伴关系理念和实践是中国特色大国外交理念和实践的组成部分。

无论是总体稳定、均衡发展的新型大国关系，还是相互尊重、公平正义、合作共赢的新型国际关系，都强调关系的合作性、和平性，强调国家之间的合作性互动、和平性相处。国际关系民主化，相互依存的国际权力观、共同利益观、可持续发展观和全球治理观，和平、发展、公平、正义、民主、自由的全人类共同价值，都是新时代中国特色大国外交思想的集中体现。中国伙伴关系强调和平、平等、包容，强调伙伴关系国之间的合作共赢，强调关系行为体之间的共存共生，中国伙伴关系理念是中国特色大国外交理念的重要组成，也是中国特色大国外交理念的重要组成。发展中国伙伴关系实践也就是发展中国特色大国外交实践，发扬中国伙伴关系理念也就是弘扬中国特色大国外交理念。两者之间相互影响，相互作用。中国特色大国外交理念指引中国伙伴关系理念创新和实践发展，中国伙伴关系理念创新丰富中国特色大国外交理论体系，中国伙伴关系外交实践发展推动中国特色

---

① 秦亚青：《中国特色大国外交的思想内涵》，《领导科学》2017 年第 28 期。

大国外交理论创新和实践创新。两者之间不是简单的构成与被构成的关系，两者的互动是系统性的、整体性的。

第三节　中国伙伴关系的实践特点

近30年的中国伙伴关系实践见证了中国伙伴关系的发展演变，纵观发展历程，可以发现中国伙伴关系的实践特点：一是阶段性，即分阶段进行，不同阶段有不同特点；二是连续性，即不同的发展阶段有着许多相同或相似的特性；三是效果的连锁性，即关系行为体关系的变化，其产生显著的示范效应或连锁效应；四是差异性，即关系过程的演变方向、变化幅度、变动强度、影响因素等相互交织，共同决定关系的存续状态。

1. 伙伴关系实践的阶段性

分析中国伙伴关系近30年的发展历史可以发现，在不同的历史时期，中国伙伴关系的发展程度和发展速度存在着显著的差别。有的时期发展较快，规模较大；有的时期发展缓慢，表现出一定的阶段性。纵观中国的伙伴关系实践可以发现，21世纪之后，中国伙伴关系大概每10年出现一次较快的发展。2004年和2014年是中国伙伴关系增速最快的两个时间节点，以此为界，中国伙伴关系实践可分成三个阶段，不同的阶段具有不同的发展特点。由此可见，中国伙伴关系实践并非匀速发展、同质变化，发展过程表现出了一定的变动性和差异性。

2. 伙伴关系实践的连续性

伙伴关系连续性表明中国的伙伴关系发展是持续性的，不间断的，一定程度上彰显了中国伙伴关系实践整体的韧性。纵观中国伙伴关系实践，近30年间，伙伴关系发展几乎未中断，尤其是2002年以来，伙伴关系发展的连续性呈现整体加强的趋势。发展的连续性说明中国伙伴关系政策决策的连续性，以及伙伴关系在中国对外交往中的定位一贯性。但是比较具体的伙伴关系实践，则并非全部呈现连续性特点，或者说并非所有的伙伴关系都随时间保持着不间断互动。①中国的国别性双边伙伴关系中，发展连续性较好的关系是中俄伙伴关系、中巴伙伴关系等，另外，中国-东盟伙伴关系以及中国周边伙伴关系等区域性双边伙伴关系发展连续性也相对较好。

3. 伙伴关系效果的连锁性

伙伴关系的建立通常意味着关系行为体关系的改善和加强，其所产生的示范效应或连锁效应是十分显著的。一方面，伙伴关系的确立可以带动双边或多边关系互动内容的增加，彼此交往的频率以及层次也都相应提高，对双边或多边关系具有具体性的带动效果。另一方面，一种伙伴关系的确立通常也会带动另一种关系的确立或改善，如2023年中国与赞比亚建立了全面战略合作伙伴关系，实现了两国关系的实

---

① 在国别性伙伴关系中，由于双边关系整体进程和态势的变化，两国间伙伴关系出现了某种程度的"暂停"或者"中断"，如中美关系，虽然两国在1997年确立了建设性战略伙伴关系，但是2011年以来，尤其是特朗普政府以来，中美之间不再以"伙伴关系"定位彼此关系，中国曾提出构建中美相互尊重、合作共赢新型大国关系，但目前尚未取得共识。因此，整体来看，中美两国的伙伴关系是中断的，当然从大的历史背景来看，也可能是暂停的，但是，出现了波动或动荡则是中美伙伴关系实践的真实反映。除了中美伙伴关系之外，中日伙伴关系、中澳伙伴关系都因双边关系整体态势的改变而处于非正常状态。

质性改善。在此伙伴关系框架下，两国又建立了议题性的发展战略伙伴关系，[①]在总体关系发展的前提下，加强了在绿色发展方面的战略合作，这是伙伴关系实践连锁性反应最生动的例证。

4. 伙伴关系变化的差异性

关系定位的差异性是指不同伙伴关系在相同时间点或者同一伙伴关系在不同时间点的定位差异。总体而言，伙伴关系过程的差异性主要表现在三个方面。

第一是关系起点差异性。起点是指伙伴关系确立或建立的端点开始，即关系定位高低的问题。分析中国伙伴关系近30年发展可以发现，在确立关系时，不同的关系对象所创生的伙伴关系是不同的。这种差异性主要表现为关系性质和定位的不同：有的国家确立的是合作性伙伴关系，而有的则是战略性伙伴关系；有的国家关系起点很高，有的则相对平稳。关系起点的差异与中国和关系国的双边或多边关系历史及现状有关，当然还可能受到其他第三方因素的影响，但是更多的是关系历史的影响。而从关系变动差异性的角度来分析，则更多是关系行为体互动现状或第三方因素的影响。始点的确立有一定的历史依赖，而过程的变动则更多是受现实影响和第三方制约。

关系定位的高低与关系的疏密。从中国伙伴关系实践可知，关系疏密与定位高低有一定的对应关系，但并不绝对，并非定位高的关系就一定密切，也并非定位低的关系一定疏远。另外，地位高低与关系疏密是相互作用的关系，定位的高低与关系疏密有关，关系疏密受到关系定位高低的影响。

[①] 《中华人民共和国和赞比亚共和国关于建立全面战略合作伙伴关系的联合声明》，《人民日报》2023年9月16日。

伙伴关系：中国与世界

第二是关系稳定性差异，指伙伴关系存续状态的变化情况，即关系定位变与不变的问题。从大的方面来看存在两种情形：一是稳定性好的伙伴关系，伙伴关系很长时间都未出现变动或变化。二是稳定性差的伙伴关系，即伙伴关系高频率地发生改变或变化。而这种改变根据运动方向的不同，又分为两种情形：一种是积极正向的改变，即伙伴关系升级；第二种则是消极负向的改变，即伙伴关系降级。其中伙伴关系降级又存在两种不同的情况：一种是显性降级，即在正式的关系定位上出现了明确的定位变化，比如中日伙伴关系等；另一种是隐性降级，虽然关系双方或各方未对原有关系定位做降级处理，但是实际的关系互动已发生实质性变化，如中澳战略伙伴关系，虽然双方未曾就关系定位进行降级处理，但是两国实际关系已经不再具有战略性关系的内涵（见图2-2）。

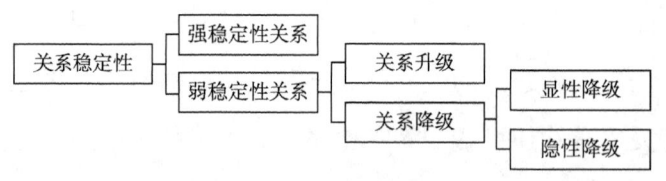

图2-2　中国伙伴关系稳定性

第三是关系升级幅度差异性，指不同的关系在单位时间内升级变化的情况存在差别，即关系变化大小以及如何变化的问题。关系升级幅度和频度的差异性极大地丰富了中国伙伴关系的实践内容，也正是因为关系升级变化的差异性塑造了中国伙伴关系实践的多元性、多样性以及复杂性。关系定位差异与关系定位变动因果联系，一种关系性质的界定不是固定不变的，从变动方向上看，中国伙伴关系的定位变动表现为两个方向：一是关系定位上升，即关系加深；二是关系定位下降，即关系倒退，或者说关系名存实亡，即空心化现象。但整体来看，中国伙伴关系升级还存在如下几种情形。一是同级升级，即关系定位未出现级别定位的变化，一般是通过正式的官方文件阐释的，如"深化……""加强……"等。二是跨越升级，是指从一个层级升级到另一个层级，出现了定位级别的改变。这种情形存在三种情况：第一种是逐级升级，即从一个层级跨越到相邻层级；第二种是越级升级，指跨越一个或多个中间层级升级到一个更高层级，这种层级变化幅度相对较大；第三种是跨界升级，是指从一个大的定位等级升级到另一个定位等级，如从合作性伙伴关系升级到战略性伙伴关系或者升级到战略合作性伙伴关系，这种升级幅度最大，变化也最为剧烈。三是超越升级。比较两种伙伴关系，有的关系等级原来较低，但是后来者居上，超越了另一关系等级，这种情况是一种比较情况。四是跨类升级。这种情形是指从伙伴关系向命运共同体升级，超越了伙伴关系自身限制，发展到了更高层面的命运共同体（见图2-3）。

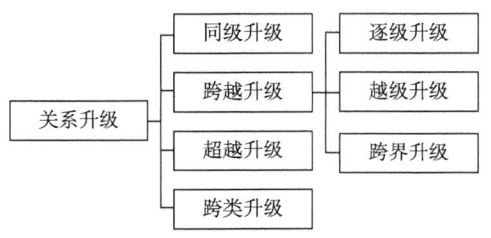

图2-3 中国伙伴关系升级分类

除此之外，综合分析30年的实践发展史可以看出，中国伙伴关系还表现出一些其他特征。一是伙伴关系的决策层级高。分析中国现有的110多对伙伴关系可知，绝大多数伙伴关系都是由国家元首亲自构建的，占比超过98%，只有极少数是由其他级别的国家领导人推动的。二是伙伴关系的规范性好。在所有的伙伴关系中，大部分都是通过签署双边正式文件的形式确立的，其中以双边联合声明和联合宣言为主

伙伴关系：中国与世界

要形式。

中国虽然不是世界上第一个发展伙伴关系的国家，但是中国的伙伴关系却是内涵最为丰富、形式最为多样、影响最为独特的中国伙伴关系与美西方等国家的伙伴关系有本质区别，与联盟也有质的差异，中国伙伴关系是在继承中华优秀传统文化、发扬中国外交传统思想、坚持中国特色大国外交理念的前提下不断发展的，并且在持续的历史实践中逐渐形成了阶段性、连续性、连锁性和差异性等一系列突出的特点。

第三章

中国伙伴关系的内容体系

伙伴关系不仅仅是一种关系性质或者关系特点的界定,更不是一种空泛的口号和称谓。中国伙伴关系有实实在在的内容,但是关系内容的界定和明晰却是一个相对复杂的问题。从中国伙伴关系的整个体系来看,关系类型情况、关系分布情况、关系发展情况、关系理论和实践情况等都是这个体系的构成部分,都是其内容。这是一个庞杂的内容体系,涵盖了中国伙伴关系的所有方面。

第一节　中国伙伴关系的领域性内容

伙伴关系与同盟关系的一个显著区别是，同盟关系主要集中于政治军事领域的合作，而伙伴关系则几乎可以在所有的领域进行合作，包括政治、经济、文化、科技、安全、全球治理等。从合作领域的维度来看，伙伴关系是多领域、跨领域的国家间互动模式。伙伴关系包含丰富多样的合作内容，几乎囊括了国家间关系的所有领域。从根本上分析，大多数的中国伙伴关系都是包含多领域内容的，只是具体的伙伴关系在内容上有所侧重。在此，主要针对中国伙伴关系中的政治伙伴关系、经济伙伴关系、全球治理伙伴关系三个方面的内容进行代表性分析，这主要是从伙伴关系内容的角度来进行区分。

1. 政治伙伴关系

政治伙伴关系是指在政治领域的合作，基本上存在两种情况。一是关系本身侧重于战略层面和政治领域合作，指关系各方在全球性议题、战略性议题等涉及关系各方政治协调和合作的相关内容，主要包括关系行为体之间的战略互信情况、国家高层互动情况等，以及在重大的国际或者双边议题上协调立场和行动。绝大部分的战略合作性伙伴关系和战略性伙伴关系都包括政治伙伴关系的内容。二是指政治合作只是伙伴关系内容中的一部分，或者说在伙伴关系合作内容中占据不大的部分。从某种程度上说，所有的伙伴关系都包含政治合作的内容。政治层面的合作和协调是一切伙伴关系建立和发展的基础，但是在不同的伙伴关系框架下，政治领域合作的地位不同，政治合作占整体合作的比重不同。在大多的领域性议题性伙伴关系中，政治合作是关系合作的基础，但不是重点，在许多合作性伙伴关系中，合作的重心是经济贸易、人文交流等方面，而非是政治领域的深度合作。从另一角度来看，政治领域的合作大多涉及高政治性议题，相对来说是合作框架中最敏感也最高层级的合作内容。

2. 经济伙伴关系

经济领域的合作是所有伙伴关系中包含的最普遍、形式最多样的内容之一。一方面，经济伙伴关系是所有伙伴关系的"最大公约数"。在不同形式和层级的伙伴关系中，经济伙伴关系的地位和作用是不同的，但是经济伙伴关系是所有伙伴关系中合作难度最小、合作阻力最小、合作空间最大、合作范围最大的内容。由于经济领域问题的相对低敏感性，大部分的伙伴关系合作都是从经济领域合作开始的，项目合作、投资贸易、工程建设、科技交流等都是经济伙伴关系的基本内容。另一方面，经济伙伴关系合作是互利共赢合作，是关系行为体各方都获益的合作内容，并且经济合作的结果是最直观可见的，比如铺设一条铁路，建造一栋楼房、一座医院、一座发电厂等，都是实实在在的合作内容，也都是实实在在的合作效果。因此，经济领域的合作是伙伴关系合作中最见成效的内容，也是最能体现伙伴关系利益性的内容。

3. 全球治理伙伴关系

全球性问题需要全球性合作，而伙伴关系是推动全球性合作、解决全球性问题的重要机制和途径之一。全球治理伙伴关系主要是指在伙伴关系的框架内处理全球治理问题，在全球治理的过程中发挥伙伴关系互动的积极作用,全球治理是新时期伙伴关系发展的重要内容。目前,在中国伙伴关系的框架体系下,主要涉及的全球治理问题包括海洋治理、可持续发展等领域的合作。在海洋治理方面,中国与多国和国际组织建立了双边或多边蓝色伙伴关系,加大海洋治理投入,制定海洋治理制度,打造海洋治理平台,推动区域和全球范围内的海洋发展。在可持续发展方面,中国加强与诸多国家的政策协调和战略对接,发挥现有合作机制和平台优势作用,推动在扶贫、减困、粮食问题等涉及全人类可持续发展问题方面的合作,建立可持续发展伙伴关系。另外,中国积极倡导和构建"一带一路"伙伴关系,加强世界不同国家、不同地区之间的互联互通、互利共赢,推动解决世界共同面临的治理赤字、信任赤字、和平赤字、发展赤字等重大挑战。

第二节 中国伙伴关系的事项性内容

伙伴关系不是空泛的口号,是由诸多具体的合作实践所构成的。从伙伴关系的建立到伙伴关系的升级,以及伙伴关系的维系存在,都是由一个个具体的合作事项支撑起来的,只有宣示而无内容的伙伴关系不是真正的伙伴关系,没有内容支撑的伙伴关系也无法存续。根据中国伙伴关系的实践分析可知,中国伙伴关系的事项性内容主要包括如下几个方面。

1. 高层互动

分析中国伙伴关系的实践发现,高层互动是中国伙伴关系的关键内容。几乎所有的伙伴关系互动都包含高层互动的内容，高层互动与否是伙伴关系确立与否与发展与否的重要标志。高层互动一般包括元首互动、政府首脑互动和外长互动三个方面。通常情况下，伙伴关系的建立和升级都是通过元首互动或者政府首脑互动来实现的。比较中国同伙伴关系国与非伙伴关系国的互动可知，几乎所有的非伙伴关系都没有元首互动，所有的伙伴关系都有元首互动或者政府首脑互动，较高层级的高层互动是中国伙伴关系的重要内容。

此外，高层互动的层次和频率与伙伴关系的层级之间存在着密切的关系，或者说不同层级的伙伴关系包含着不同层级和不同频度的高层互动，战略合作性伙伴关系一般包含着最高层级、最大密度的高层互动，也包含着最大规模、最多层级的高层互动。也就是说，战略合作性伙伴关系不仅包含元首互动，也包含政府首脑和外长互动，但是各种高层互动的次数和频率是不同的，正因为如此，高层次的伙伴关系包含的高层互动内容最丰富、最多样也最多元。

高层互动与伙伴关系是互构关系，高层互动既是伙伴关系的重要内容，也是推动伙伴关系发展的重要动力。分析中国伙伴关系可知，所有的伙伴关系建立都是通过高层互动来实现的，尤其是元首互动。高层互动加深了国家间的政治互信和战略互识，促进了国家间关系发展。高层互动是双向的，既有中国领导人对伙伴国的访问，也有伙伴国高层对中国的访问，高层互动为伙伴关系的建立和升级准备了有利条件，创造了有利环境。与此同时，伙伴关系的存在也是国家间互动的前提，高层互动是伙伴关系的基本内容。因此，伙伴关系与高层互动互为因果，互相促生，高层互动建构伙伴关系，伙伴关系促动高层互动。从根本上说，所有的关系都包含互动，所有的互动都建构关系。所有的关系互动都影响伙伴关系，只是高层互动对伙伴关系的影响最具指标性意义。同理，伙伴关系也包含所有层面的行为体互动，所有层面的关系互动构成了伙伴关系的整体内容，而高层互动是伙伴关系的关键内容，是伙伴关系存续发展的关键动力。

2. 签署联合文件

在中国伙伴关系实践过程中，联合文件发布是伙伴关系订立和升级的重要标志，也是伙伴关系存在和延续的重要内容，联合文件是中国伙伴关系存续的重要载体。丰富多样的伙伴关系实践决定了伙伴关系联合文件的多样性和差异性，中国的伙伴关系联合文件通常存在如下几种情况。从联合文件名称是否体现伙伴关系来看，存在两种情况：一种是联合文件中直接包含伙伴关系内容，如"关于建立战略伙伴关系的联合宣言"；另外一种是不包含伙伴关系内容的联合文件，如2012年6月签署的《中华人民共和国政府和巴西联邦共和国政府联合声明》中，两国决定把双边关系升级为全面战略伙伴关系。从联合文件的具体形式来看，中国伙伴关系联合文件包括联合声明、联合宣言、联合公报、联合新闻公报、联合新闻稿等多种。其中，联合声明是数量最多的文件形式，除此之外，部分的联合文件还以条约的形式呈现，如中国与乌兹别克斯坦签署了《中华人民共和国和乌兹别克斯坦共和国友好合作伙伴关系条约》。最常见的联合文件是联合声明、联合宣言和联合公报三种。从伙伴关系的内容来看，有的联合文件是建立伙伴关系，有的是升级伙伴关系，其中升级伙伴关系的文件又根据升级类型的不同分为多种形式，如加强型升级文件通常是用"进一步加强""深化"等词汇来表述，跨越型升级则直接在文件标题中注明新的伙伴关系层级。除此之外，从联合文件的签署者来看，有国家元首签署的，也有政府首脑或者外交部部长签署的。

伙伴关系的联合文件不仅包含如上内容，还包含大量的、内容庞杂的各类具体的、不同层级的合作文件，如政府间合作文件、经贸合作文件、项目合作文件等。这些合作文件涉及伙伴关系的各个领域，是内容最多、数量最多的一类文件。从文件的层级上来看，这些合作文件相较于前文提到的联合文件更为具体，更具有实践性，而前述联合文件多是指导性文件。这类合作文件通常由不同层级和不同领域的人员签署，通常不是由国家领导人签订。

签署联合文件是中国伙伴关系的重要内容，包含伙伴关系内容的联合文件更是伙伴关系存续与否的最直观标识。内容多样、形式多样的联合文件的发布增强了伙伴关系行为体间合作的深度，对中国伙伴关系整体发展意义重大。

3. 创建合作机制

合作机制和合作框架是中国伙伴关系内容更为具体的部分，如果说高层互动和联合文件签署是伙伴关系中宏观层面的关系内容，那么合作机制与合作框架则是中观层面的关系内容。合作机制是关系行为体之间互动的一种平台和渠道，合作机制的建立有利于关系行为体之间机制性、制度性的合作，有利于推动关系互动的平稳、有效、持续进行。中国与伙伴关系国之间建立的合作机制也有多种形式，包括综合性机制、政府间机制、部门间机制等。比如中国和文莱建立了政府间联合指导委员会机制，通过定期的委员会会议加强两国政府之间的沟通协调。再比如中国与委内瑞拉在1991年建立了外交磋商机制，在2001年建立了高级混合委员会机制。

从中国伙伴关系的实践来看，中国与伙伴关系国或者组织之间建立的合作机制不是单一的，有的伙伴关系中建有多重合作机制，比如中国与阿根廷之间建立了政府间常设委员会机制、议会政治对话委员会机制，中国与土耳其建有政府间合作委员会机制、外交部联合工作组机制，中国与东盟建立了包括领导人会议、部长级会议、高官会等内容完善的对话合作机制。复合性合作机制的建立既是伙伴关系行为体之间合作加强的表现，也是保证和促进伙伴关系合作内容加深和拓展的重要条件。然而，合作机制的建立与否并不是伙伴关系建立与否的唯一条件，有些国家并未同中国建立伙伴关系，但是两者之间也有可能建立合作机制，比如中国与卢旺达建立了经济技术贸易合作混合委员会机制。但是，合作机制作为双边或者多边合作的一项重要内容，则是中国伙伴关系的重要内容，推动着中国伙伴关系不断发展。

4. 建设合作项目工程

合作项目工程是中国伙伴关系最基础的内容，也是伙伴关系内容体系中最微观、最具体的合作内容，是伙伴关系合作的基础和基石，也是伙伴关系发展的基本动力。在中国的伙伴关系内容框架里，具体的合作项目和工程是最基本的合作单元，或者说是最基础的合作平台，项目和工程是伙伴关系合作规划的落地和实施，是实现合作、体现合作最直接的方式，缺失了具体的合作行动和内容，伙伴关系合作就失去了意义和价值。中国与伙伴关系之间的合作项目涉及各个领域，其中经贸项目、建设工程、基础设施建造、文化交流、教育合作等都是基本内容。另外，合作项目和工程既包括政府之间的合作，也包括企事业单位之间的合作，合作的形式多样，合作层次多元，如中国和文莱建立的恒逸文莱大摩拉岛石化项目已于2019年11月正式投产。双方认为该项目是两国企业合作的重要里程碑。因此，项目和工程合作极大丰富了伙伴关系合作内容，推进了伙伴关系行为体之间多领域、立体式的联系和互动,加深了行为体之间的了解和认知,从而强化了伙伴关系黏结度,拓展了伙伴关系参与度,进而促进伙伴关系整体发展,推动中国与世界关系整体改善。

此外,从具体的伙伴关系来看,伙伴关系内容的构成和确立可分为三种情形。一是从合作的领域来看,伙伴关系包含了政治、经济、安全、人文等不同领域的伙伴关系内容。二是从伙伴关系确立和发展的具体事项来看,伙伴关系内容又包含三个维度的内容:第一是宏观层面的高层互动和联合文件发布,高层互动主要是指国家领导人或元首的互访,联合文件包括条约、联合宣言、联合声明等;第二是中观层面的合作框架搭建和合作机制创立,包括政府间的、部门间的、领域性的;第三是微观层面的项目工程合作,这是最具体的关系内容体现,也是推动关系模式不断发展的基本动力。三是从中国与伙伴关系国以及非伙伴关系国互动合作的情况来间接辨别伙伴关系的内容。以上三种方式分别从不同的角度说明了伙伴关系的内容存在和构成情况。

伙伴关系内容与伙伴关系存续之间是否存在必然的因果关系,这是另一个复杂的问题。但是可以确定的是,伙伴关系联合文件的发布是伙伴关系确立的结果,没有伙伴关系的确立,两国不会签订伙伴关系联合文件,但是联合文件不具有强制性和法律约束力,因此,联合文件签订后并不能保证伙伴关系一直存续,即联合文件的存续并不是伙伴关系存续与否的原因。此外,合作机制以及合作项目并不一定是伙伴关系带来的结果,但是伙伴关系对推动合作机制以及合作项目具有重要的意义和价值。作为一种非强制性的互动模式和关系架构,伙伴关系与同盟关系不同,伙伴关系的内容并非一个封闭固定的体系,而是一种变动的开放系统。

第三节 伙伴关系与非伙伴关系的内容差异

截至2023年12月,全世界共有192个独立国家,其中与中国建立外交关系的国家有182个,而其中与中国建立了伙伴关系的国家有122个,目前尚有60个建交国尚未同中国建立伙伴关系。伙伴关系国与非伙伴关系国在国家交往与合作上存在着怎样的差异和区别。在此将梳理分析非伙伴关系国同中国交往互动的情况,总结伙伴关系国与非伙伴关系国合作内容的差别,从侧面明确伙伴关系的内容框架和边界。

1. 非伙伴关系国情况分析

目前,中国有60个非伙伴关系建交国,其国家情况以及与中国的合作情况统计见表3-1。

表3-1 中国非伙伴关系建交国与中国的合作情况

序号	国家	建交时间	双边高层互动
亚洲地区			
1	阿塞拜疆	1992.4	双方在教育、文化、科技、体育、旅游、媒体等领域合作顺利
2	巴林	1989.4	2021年3月中国外长访巴林;2018年7月签署共建"一带一路"合作文件 主要合作领域:经贸、文化
3	不丹		未建交
4	朝鲜	1949.10	传统友好关系
5	黎巴嫩	1971.11	2017年9月签署共建"一带一路"合作文件 主要合作领域:经贸、文化

续表

序号	国家	建交时间	双边高层互动
6	土耳其	1971.8	2010年中土建立战略合作关系；2015年两国建立政府间合作委员会机制，负责统筹协调双边政治、经贸、安全、人文等领域合作
7	亚美尼亚	1992.4	2015年3月亚美尼亚总统访华；2019年5月习近平主席会见亚美尼亚总理；2019年5月中国外长访亚美尼亚；2015年3月签署共建"一带一路"合作文件 主要合作领域：经贸、文化
8	也门	1956.9	2013年11月也门总统访华；2019年4月出席第二届"一带一路"国际合作高峰论坛，签署共建"一带一路"合作文件 主要合作领域：经贸
非洲地区			
1	博茨瓦纳	1975.1	2021年1月中国外长出访；2018年8月博茨瓦纳总统访华；2020年1月和2月博茨瓦纳总统就新冠疫情两次向习近平主席致慰问电；2021年6月博茨瓦纳总统致函习近平主席，祝贺中国共产党成立100周年；2021年1月签署共建"一带一路"合作文件 主要合作领域：经贸、文卫
2	布基纳法索	1973.9	2018年5月26日复交；2019年1月中国外长出访；2018年9月布基纳法索总统访华；2021年6月两国外长通电话 主要合作领域：经贸
3	多哥	1972.9	2016年5月、2019年9月多哥总统访华；2018年9月签署"一带一路"合作文件 主要合作领域：经贸、科教
4	佛得角	1976.4	2017年5月中国外长出访 主要合作领域：经贸、文教
5	冈比亚	1974.12	2013年11月同中国台湾"断交"，2016年3月同中国复交；2019年1月中国外长出访；2017年12月冈比亚总统访华 主要合作领域：经贸、文教
6	几内亚比绍	1974.3	1998年4月复交 主要合作领域：经贸、文教
7	加纳	1960.7	1972年2月复交；2020年7月习近平主席同加纳总统互致贺电，庆祝两国建交60周年；2014年1月中国外长出访；2016年4月全国政协主席出访；2018年8月加纳总统访华；2018年9月签署"一带一路"合作文件 主要合作领域：经贸、文教、军事
8	喀麦隆	1971.3	2015年1月中国外长出访；2019年1月中国国家主席特使中央外事工作委员会办公室主任出访；2015年6月喀麦隆总理访华 主要合作领域：经贸、文教卫

伙伴关系：中国与世界

续表

序号	国家	建交时间	双边高层互动
9	科摩罗	1975.11	2019年6月签署"一带一路"合作文件 主要合作领域：经贸、文教卫
10	科特迪瓦	1983.3	2017年5月中国外长出访；2018年8月科特迪瓦总统访华 主要合作领域：经贸、文教
11	莱索托	1983.4	1994年1月复交；2019年9月莱索托首相访华；2016年11月莱索托政府公开发布对华政策文件；2020年2月莱索托国王就新冠疫情向习近平主席致慰问信；2019年6月签署"一带一路"合作文件 主要合作领域：经贸、文教卫
12	利比亚	1978.1	利比亚国内政治不稳，双边互动受限
13	卢旺达	1971.11	2018年1月中国外长出访；2018年7月习近平主席访问卢旺达；2017年3月卢旺达总统访华；2018年7月签署"一带一路"合作文件 主要合作领域：经贸、文教
14	马拉维	2007.12	2016年1月中国外长出访；2018年9月马拉维总统来华出席中非合作论坛北京峰会，习近平主席同其会见；2020年2月马拉维总统就新冠疫情向习近平主席致慰问信；2020年9月两国外长通电话；2021年6月马拉维总统向习近平主席致函，祝贺中国共产党成立100周年 主要合作领域：经贸、文教卫
15	马里	1960.10	2017年中国外长出访 主要合作领域：经贸、文教、安全（维和行动）
16	毛里求斯	1972.4	2016年1月中国外长出访；2018年7月习近平主席过境毛里求斯并进行友好访问；2020年2月毛里求斯总理就新冠疫情向习近平主席致慰问信；2021年4月毛里求斯总理致函习近平主席，祝贺中国共产党成立100周年 主要合作领域：经贸、文教卫
17	毛里塔尼亚	1965.7	2015年7月习近平主席与毛里塔尼亚总统、外长王毅与毛里塔尼亚外长就中毛建交50周年互致贺电；2017年5月中国外长出访；2020年7月中国外长与毛里塔尼亚外长就中毛建交55周年互致贺电；2021年毛里塔尼亚总统就中国共产党成立100周年向习近平主席致贺电 主要合作领域：经贸
18	南苏丹	2011.7	2021年7月习近平主席同南苏丹总统互致贺电，庆祝两国建交10周年 主要合作领域：经贸
19	尼日尔	1974.7	1996年8月复交；2019年5月尼日尔总统访华；2019年5月签署"一带一路"合作文件 主要合作领域：经贸、文教卫

续表

序号	国家	建交时间	双边高层互动
20	索马里	1960.12	2018年9月签署"一带一路"合作文件 主要合作领域：经贸、文教卫
21	突尼斯	1964.1	2016年中国外长出访；2020年2月突尼斯总统就新冠疫情向习近平主席致慰问函；2020年3月两国外长通电话；2021年7月突尼斯总统就河南省等地遭受强降雨并发生特大洪涝灾害向习近平主席致慰问电 主要合作领域：经贸、文教卫
22	乍得	1972.11	2006年8月复交 主要合作领域：经贸、文化
23	中非	1964.9	1998年1月复交 主要合作领域：经贸、文化
24	斯威士兰		未建交
欧美地区			
1	阿尔巴尼亚	1949.11	传统友好关系
2	爱沙尼亚	1991.9	2017年4月国务院副总理张高丽访爱沙尼亚；2020年5月两国外长通电话；2017年11月签署"一带一路"合作文件 主要合作领域：经贸、科教、文卫
3	安道尔	1994.6	主要合作领域：经贸、文化
4	北马其顿	1993.10	2019年6月北马其顿议长访华；2020年2月北马其顿总统致函习近平主席，支持中国抗击新冠疫情；2021年3月国务委员兼国防部部长访问北马其顿；2015年4月签署"一带一路"合作文件 主要合作领域：经贸、军事、科技、文化
5	冰岛	1971.12	主要合作领域：经贸、科教、文旅
6	波黑	1995.4	2020年2月波黑主席团塞族成员多迪克致函习近平主席，支持中国抗击新冠疫情；2020年5月两国外长通电话；2017年5月签署"一带一路"合作文件 主要合作领域：经贸、科教文、新闻、军事
7	黑山	2006.7	2018年5月黑山议长访华；2019年6月黑山前总统、名誉总统访华；2020年2—3月黑山总统、名誉总统、外长分别致函习近平主席、国务委员兼外长，支持中国抗击新冠疫情；2021年5月习近平主席应约同黑山总统通电话；2017年5月签署"一带一路"合作文件 主要合作领域：经贸、军事、科技、文化

续表

序号	国家	建交时间	双边高层互动
8	拉脱维亚	1991.9	1994年7月两国关系正常化；2016年11月国务院总理访问拉脱维亚；2017年4月全国人大常委会委员长访问拉脱维亚；拉脱维亚议长2018年1月随北欧和波罗的海国家议长集体访华；2016年11月签署"一带一路"合作文件 主要合作领域：经贸、科教文
9	立陶宛	1991.9	2017年4月全国人大常委会委员长访问立陶宛；立陶宛议长2018年1月随北欧和波罗的海国家议长集体访华 主要合作领域：经贸、科技、文化
10	列支敦士登	1950.9	2016年11月列支敦士登王室成员康斯坦丁王子访华；2020年9月两国就中列建交70周年互致贺电 主要合作领域：经贸、文化
11	卢森堡	1972.11	2016年4月杨洁篪国务委员出访卢森堡；2017年6月卢森堡首相访华 主要合作领域：经贸、文教
12	马耳他	1972.1	2021年7月马耳他外长访华 主要合作领域：经贸、文教卫、军事
13	摩尔多瓦	1992.1	主要合作领域：经贸、文教卫
14	摩纳哥	1995.1	2021年8月摩纳哥亲王就我国河南省遭受特大洪涝灾害向习近平主席致慰问电 主要合作领域：经贸、人文
15	挪威	1954.10	2016年12月挪威外长访华，双边关系正常化；2017年4月挪威首相正式访华；2018年1月挪威议长同北欧和波罗的海国家议长联合访华；2018年10月挪威国王国事访问；2019年5月全国人大常委会委员长访问挪威；2020年8月中国外长出访挪威 主要合作领域：经贸、科技、文化；建有友好城市
16	圣马力诺	1971.5	2013年中国外长出访；2021年两国互相致贺电庆祝建交50周年 主要合作领域：贸易、文教
17	斯洛伐克	1949.10	2019年7月中国外长出访斯洛伐克；2015年斯洛伐克议长访华；2015年11月签署"一带一路"合作文件 主要合作领域：经贸、科教文
18	斯洛文尼亚	1992.5	2019年12月中国外长出访斯洛文尼亚；2020年2月斯洛文尼亚总统、外长分别致函习近平主席、王毅外长，支持中国抗击新冠疫情；2020年12月两国外长通电话；2021年5月中央政治局委员、中央外事工作委员会办公室主任杨洁篪访斯洛文尼亚；2017年11月签署"一带一路"合作文件 主要合作领域：经贸、文化、科技
19	梵蒂冈		未建交

续表

序号	国家	建交时间	双边高层互动
拉丁美洲和加勒比地区			
1	圭亚那	1972.6	2021年3月习近平主席同圭亚那总统阿里通电话；2018年9月中国外长出访圭亚那；2014圭亚那总理访华；2018年7月签署"一带一路"合作文件 主要合作领域：经贸、人文
2	安提瓜和巴布达	1983.1	2014年8月安提瓜和巴布达总理访华；2013年6月两国元首会晤；2018年6月签署"一带一路"合作文件 主要合作领域：经贸、人文
3	巴巴多斯	1977.5	2013年6月习近平主席会见巴巴多斯领导人；2021年7月习近平主席应约同巴巴多斯总理通电话；2019年2月签署"一带一路"合作文件 主要合作领域：经贸、人文
4	巴哈马	1997.5	2013年6月元首会晤 主要合作领域：经贸、人文
5	巴拿马	2017.6	2017年9月中国外长出访巴拿马；2017年6月巴拿马外长访华；2017年11月巴拿马总统访华 主要合作领域：经贸
6	多米尼加	2018.5	2018年11月多米尼加总统访华；2019年4月多米尼加众议长访华；2021年6月习近平主席应约同多米尼加总统通电话 主要合作领域：经贸、人文
7	多米尼克	2004.3	2013年6月元首会晤；2021年1月习近平主席同多米尼克总理通电话；2018年7月签署"一带一路"合作文件 主要合作领域：经贸、人文
8	格林纳达	1985.10	2013年6月元首会晤；2018年9月签署"一带一路"合作文件 主要合作领域：经贸、人文
9	古巴	1960.9	传统友好关系；2022年11月古巴国家元首访华，两国决定建立"中古命运共同体"，共同发表联合声明 关系典范之一：社会主义国家团结合作、发展中国家真诚互助的典范
10	洪都拉斯	2023.3	新建交国
11	萨尔瓦多	2018.8	2018年11月萨尔瓦多总统访华 主要合作领域：经贸、人文、教育
大洋洲地区			
1	基里巴斯	1980.6	2019年复交；2021年6月中国外长应约同基里巴斯总统兼外长通电话 主要合作领域：经贸、人文、卫生

注：根据中华人民共和国外交部网站资料整理制作。

2. 非伙伴关系国合作情况分析

通过整理中国与非伙伴关系国的互动合作可以发现如下情况：第一，非伙伴关系国大多是小国、岛国，其外交政策极容易受到国内政治、宗教矛盾、域外大国等因素的影响和制约，并且非洲地区、拉丁美洲和加勒比地区国家大多都有被西方国家殖民的历史，发展水平相对较低，与西方原有宗主国关系相对密切。第二，中国与非伙伴关系国的双边合作范围相对比较有限，大部分集中在经贸、科技、人文、教育、卫生等具体的领域，而且合作的水平整体不高，规模相对较小，政治领域合作、战略层面互动较少。第三，双边性互动尤其是高层互动比较有限，梳理中国与60个非伙伴关系国的高层互动情况发现，近十年来中国国家元首几乎未访问过这些国家，只到访过两个国家。其中，中国国家主席唯一正式访问的国家是非洲地区的卢旺达，这在某种程度上表明了中国与卢旺达关系的发展水平；另外2018年中国国家主席过境访问了毛里求斯。由此可见，双边性的高层互动水平整体不高。第四，部分非伙伴关系国受中国台湾因素影响较大，其与中国台湾关系均出现过一定程度的反复，这也影响了其与中国政府的双边互动和关系水平。

整体而言，非伙伴关系国同中国的双边合作主要集中在低政治领域，双边高层互动不多，关系水平整体不高。

3. 伙伴关系国与非伙伴关系国合作差异分析

对比分析中国同伙伴关系国和非伙伴关系国的合作情况可知，两者不仅双边互动方面存在较大的不同，而且在合作的范围、深度、效果等方面也存在极大的差异。在双边互动方面，中国与伙伴关系国的高层互动相对较为频繁、规律，高层沟通渠道和机制较为完善、成熟，政府间合作机制相对较多。虽然与不同水平和层级的伙伴关系互动存在一定的区别，但是总体情况相较于非伙伴关系国更积极。在合作的广度、深度等方面，中国与伙伴关系国的合作大多是综合性的、多领域的，合作水平相对较高，合作项目也相对较多，而且从伙伴关系纵向变化的维度来看，大多数的伙伴关系层级都是上升的，表明伙伴关系的水平是在不断上升的，中国与伙伴关系国的合作效果是积极的、显著的，这同非伙伴关系国合作也存在较大不同。

对比中国与非伙伴关系国的互动合作内容，可以逆向思考中国与伙伴关系国的合作内容情况，这也从另一个角度证明了伙伴关系合作与非伙伴关系合作是有区别的，伙伴关系的内容是真实的、丰富的。

伙伴关系作为国家交往的一种路径和方式，包含着极为丰富的内容。在中国的伙伴关系实践中，既有诸如政治安全等高政治性领域的合作与交流，也包含经济文化等低政治性领域的交往与互动，大部分的中国伙伴关系都是综合性的，基本涵盖国家间合作的所有内容。国家领导人互动、签署伙伴关系合作文件、建立形式多样的合作机制以及工程项目等，也都是伙伴关系内容的具体呈现。此外，从伙伴关系国和非伙伴关系国与中国的合作实践也能侧面观察到伙伴关系对国家间交往互动产生的巨大影响力。

第四章
中国伙伴关系的功能体系

整体来看，伙伴关系具有两大基本功能：一是工具理性带来的行为后果，二是价值理性带来的行为后果。工具理性更多强调物质利益和价值的实现，价值理性则更多强调文化利益和文明价值，工具理性与价值理性的有机统一是中国伙伴关系功能的整体体现。具体而言，中国伙伴关系的基本功能包含如下三个方面：一是微观层面的中国国家利益建构，包括推动构建中国特色大国外交、保护中国海外利益、助力中华民族伟大复兴、弘扬中华文明等；二是中观层面的新型国际关系构建，中国的伙伴关系理论和实践为国际关系中不同国家之间的相处提供了一种选择方案；三是宏观层面的世界和平与发展维护，世界的和平与发展需要新的思想理念、行为方式、力量支撑，中国伙伴关系强调实现共同利益。共同利益让伙伴关系具有可持续的生命力，[①]追求共同利益的伙伴关系让世界和平与发展更具可行性和可实现性。

---

① 肖晞、马程：《中国伙伴关系：内涵、布局与战略管理》，《国际观察》2019年第2期。

第一节　维护和实现国家利益

国家行为体现国家意志，服务国家利益，国家行为体的对外行为反映的是国家在国际体系中的利益诉求。因此，从根本上看，伙伴关系作为一种国家行为模式的定义，其必然体现国家意志和国家利益，即建构国家利益是伙伴关系的功能主义内涵。伙伴关系作为中国融入世界进而影响世界的一种重要方式，对维护和实现中国国家利益具有重要的工具价值。具体而言，伙伴关系在中国国家利益实现过程中的主要功用主要表现在如下几个方面。

1. 构建中国特色大国外交

积极发展全球伙伴关系是新时代中国外交的重要着力点，[①]是发展中国特色大国外交的重要推动力。中国特色大国外交是一个复杂系统，而伙伴关系是其重要组成部分，是中国特色大国外交体系的主要支柱，构建中国特色大国外交体系是中国发展伙伴关系的主要目标之一。党的十八大以来，中国政府高度重视伙伴关系的发展，在2012年和2017年、2022年的党的十八大、十九大和二十大报告中，都明确写入了中国伙伴关系，分别是"建立更加平等均衡的新型全球发展伙伴关系"、"积极发展全球伙伴关系"和"深化拓展平等、开放、合作的全球伙伴关系"，充分凸显了伙伴关系在中国对外关系中的战略意义和地

[①] 参见中共中央宣传部、中华人民共和国外交部编《习近平外交思想学习纲要》，人民出版社、学习出版社2021年版，第118页。

位。2013年以来，中国外长参加国际形势与中国外交研讨会[①]都提起了"伙伴关系"。"伙伴关系"在中国外长讲话中总共出现了153次，其中2013年出现次数最多，高达88次，充分表明中国对伙伴关系的重视程度，这也从另一个维度表明了伙伴关系在中国外交中的重要性。

伙伴关系在中国特色大国外交中的重要性体现了伙伴关系对中国特色大国外交的意义和价值。伙伴关系不仅在实践层面丰富和完善了中国特色大国外交体系，而且在理论层面彰显和深化了中国特色大国外交思想，伙伴关系是中国特色大国外交的重要组成部分。伙伴关系是中国与世界互动的重要方式，中国在与其他国家的关系互动中传递中国外交思想和理念，凸显中国与世界交往的新方式、新路径，中国伙伴关系实践进程体现和彰显中国特色大国外交，大国外交、周边外交、发展中国家外交以及多边外交都是中国特色大国外交的基本构成。伙伴关系实践是中国外交发展的重要依托，伙伴关系推动中国外交发展，不断完善和推进中国特色大国外交是中国伙伴关系的基本功能。此外，正因为伙伴关系是中国外交的组成部分，因此，中国伙伴关系自身的不断发展和完善也是对中国特色大国外交的不断发展和完善，实现伙伴关系自身的价值和功能也就是助推了中国特色大国外交的实现和发展，构建中国特色大国外交是中国伙伴关系发展的最直接目标。

2. 创造有利外部环境

中国的发展离不开世界，中国与世界的良性互动需要一个有利的

[①] 国际形势与中国外交研讨会由中国国际问题研究院与中国国际问题研究基金会联合举办。中国国际问题研究院系中华人民共和国外交部直属专业研究机构。近年来，中国外交部部长都会在研讨会上作主旨发言，阐述中国外交政策和立场。

伙伴关系：中国与世界

国际环境，环境条件不仅制约着中国的外交行为和政策决策，而且影响着中国与世界互动的结果和效果，国际环境对于中国发展至关重要。中国奉行互利共赢的开放战略，愿与世界一道共同营造有利于发展、和平、人类进步的国际环境，构建和拓展不同形式的伙伴关系是中国开创有利国际环境的重要实践。

中国伙伴关系的发展推动了国际整体环境的改善。伙伴关系是中国与世界其他国家或者国际组织间建立的合作关系，是中国与其他国家或者国际组织积极互动交往的重要平台。单一伙伴关系的确立，有利于中国与伙伴关系对象之间的交往合作，能够加深关系行为体之间的理解和信任，减少矛盾或冲突的风险危机，促进关系行为体相向而行，从而为各领域合作创造了良好的互动条件和政策环境。伙伴关系网络的构建，有利于促进世界不同国家、不同地区间的互联互通，增进交流互信，扩大共同利益范围，创造合作机会，拓展互动空间，伙伴关系网络的构建和完善有助于编织世界范围内的友好合作网，推动世界的和平、稳定和发展。伙伴关系的发展，加强了中国与世界的联系，改善了中国与世界互动的方式，加深了世界上不同文明、不同民族、不同国别、不同制度以及不同发展模式之间的交流互鉴，为打造合作共赢的国际环境创造了有利条件。

中国伙伴关系的发展促进了中国外部环境的改善。和平、稳定、积极、有利的外部环境是中国发展的重要条件，也是中国国家利益的重要组成和基本体现。因此，有利的国际环境不仅是推动实现国家利益的重要条件，而且也是构建和反映国家利益的具体体现。伙伴关系发展以来，中国与世界上大多数国家的联系更加密切，世界上大多数国家对中国的认识、认知和认同水平不断提高，世界上大多数的国家更加了解中国、走近中国、支持中国，中国提出的全球发展倡议、全球安全倡议等全球治理理念得到越来越多的国家的认可，中国的共建"一带一路"倡议得到越来越多的国家的积极加入和参与，这些都充分体现了中国与世界互动新格局、新方式、新路径、新图景的不断展开，中国的外部环境得到了显著改善，中国伙伴关系发挥了积极作用。

3. 维护中国海外利益

中国与世界互动的加深和拓展，客观上增进了中国与其他国家的利益交织和融合，中国与世界互动频率越大、范围越广、程度越深，中国参与的国际事务就会越多、越复杂，中国与其他国家间的相互依存度就会越高，中国国家利益在国际社会弥散地也就会越多、越广，而维护国家海外利益是中国外交和中国伙伴关系的重要任务之一。

"一带一路"合作平台是当前中国海外利益的主要载体。共建"一带一路"倡议是中国推动与世界合作发展的重要行动，截至2021年10月，中国同141个国家和32个国际组织签署了"一带一路"合作文件，"一带一路"成为全球最大国际合作平台。[1] 随着"一带一路"合作进程的不断深化，中国与相关国家的合作内容日益丰富，中国在相关领域和区域的投资、项目、工程等合作利益不断增加。维护"一带一路"合作安全，保护中国"一带一路"合作利益，是中国加强全球伙伴关系网络建设的重要目的。伙伴关系实践改善了中国与世界的互动关系，推动了中国与其他国家的合作进程，为"一带一路"发展创造了有利的国际环境和合作条件，为保障"一带一路"的合作安全与合作利益提供了框架和路径。

除此之外，随着中国与世界各国交往加深，中国在国外的项目工

---

[1] 王毅：《高举习近平外交思想光辉旗帜　书写民族复兴壮丽篇章》，《人民日报》2021年10月20日。

程和人员活动越来越多，中国在海外的利益存在日益增多，海外利益面临的风险挑战也在不断增加。中国外交践行"外交为民"宗旨，维护国家海外利益，保护国民生命财产安全，是中国外交的重要任务，也是中国伙伴关系发展的重要使命。伙伴关系有助于增进互信，促进合作，增强共识，畅通危机管理和应对渠道，化解安全风险冲击和挑战，从而有效保护国家海外利益。

4. 弘扬中华文明

在世界文明史上，中华文明一直以其独特的魅力影响着中国与世界，影响着中国与世界的互动、互识和互构过程。中华文明的优秀品质和卓越特质一直是世界观看中国、了解中国、走近中国的引力所在，形式各异的交往、交流都是中国展现中华文明面貌、世界探知中华文明真谛的方式和途径。伙伴关系作为中国与世界交流的一种重要方式，是中华文明的载体，在中外互动中彰显着中华文明的美。

中国伙伴关系的本质特征充分彰显了中华文明特性。在21世纪的国际关系中，同盟关系虽然依然存在，但这已不是国际社会的主流，伙伴关系成为国家交往的常用模式，无论是东西之间还是南北之间，伙伴关系都显然成为国家间关系的一个显性标签。但中国的伙伴关系与美西方不同，正如上文所言，中国的伙伴关系不排他，不针对第三方，不搞以大欺小，不搞强迫外交。针对结盟对抗、零和博弈的冷战思维，中国主张不设假想敌，以共赢而非零和的理念发展伙伴关系。中国的伙伴关系是平等、开放、合作的，是充分体现中华文明"和合"精神的关系模式，这也是中国伙伴关系之所以能够弘扬中华文明的重要原因所在。

中国伙伴关系的丰富实践扩大了中华文明影响范围。中国始终坚持走和平发展道路，始终秉持和平共处五项原则，无论是大国或小国，发达或落后，强或弱，中国都愿与其在伙伴关系的框架下交往互动，彼此可以制度不同，可以发展阶段不同，甚至可以存在分歧、矛盾，在美人之美、美美与共的前提下，彼此可以建立形式各样的伙伴关系，可以存在不同层次、不同水平，也可以处在不同阶段、不同时期。世界不仅可以通过伙伴关系的实践内容了解中国的传统文化，在具体的政治经济文化等交往实践中感受中华文明；也可以通过伙伴关系实践本身来认识中国文化的兼容并蓄，中国伙伴关系的态度和方式正是中华文明的真实写照。

第二节 构建新型国际关系

在复杂变幻的国际关系中，在文明与文化的复杂交织和碰撞中，国家之间如何相处共生，一直是近现代以来国际关系史上的重要命题。在世界之变、时代之变、历史之变正以前所未有的方式展开之时，"关系之问"更加考验着人类社会。在国际环境深刻变革的大背景下，中国提出了构建相互尊重、公平正义、合作共赢的新型国际关系，这为世界回答"关系之问"给出了中国方案，这为人类发展作出了中国贡献，新型国际关系建构是新时代中国特色大国外交实践的重要成果，是中国大国担当和大国智慧的重要体现。发展全球伙伴关系是新时代中国外交的重要着力点，而伙伴关系是构建新型国际关系的重要路径，中国伙伴关系理论与实践，为构建新型国际关系提供了重要的参照。

伙伴关系：中国与世界

中国伙伴关系发展与新型国际关系建构存在着密切联系。打造全球伙伴关系是中国外交理论和实践的重要创新，是当代国际关系理念和模式的重要突破，中国伙伴关系体系的建构是推动构建新型国际关系的新路径。[①] 从关系理念的角度来看，无论是新型国际关系还是中国伙伴关系，都坚持国家不分大小、强弱、贫富一律平等，都坚持在和平共处五项原则的基础上发展同各国关系，都坚持和平发展、合作共赢，两者的发展理念是息息相关、一脉相承的。从关系模式的角度来看，新型国际关系的建构涉及大国关系、周边国家关系以及发展中国家关系，三者是新型国际关系体系的主要支柱。伙伴关系是中国与其他国家或地区组织建立的一种关系互动模式，国家行为体是中国伙伴关系体系的最主要构成，中国的全球伙伴关系网络也是由上述三大关系支柱所构建的，[②] 两者在体系构成上具有一定的重叠性和耦合性。无论是关系理念还是关系架构，伙伴关系都在推动新型国际关系的发展过程中发挥了积极作用，推动新型国际关系理念和体系逐步完善，成为中国伙伴关系发展的重要目标和任务之一。

建构新型国际关系是中国伙伴关系的主要功能之一。如果说建构国家利益是中国伙伴关系实现中国自身利益的微观功能和作用，那么建构新型国际关系则是中国伙伴关系实现共同利益的中观功能和作用。新型国际关系的理念和实践虽然来自中国的外交理念和实践，却适用于世界范围内的国与国交往与互动，是更具有一般性和普遍性的国际关系范式。通过伙伴关系实践的不断深化和拓展，中国走出了一

[①] 中共中央宣传部、中华人民共和国外交部编：《习近平外交思想学习纲要》，人民出版社、学习出版社 2021 年版，第 118 页。

[②] 根据《习近平外交思想学习纲要》的分析，中国的全球伙伴关系网络主要是由总体稳定、均衡发展的大国关系框架，亲诚惠容的周边国家关系共同体，团结合作的发展中国家关系体系所构成。

条国与国相处的"新路",为其他国家开展对外交往提供了一种新的范例和模式,这也是新型国际关系的题中之义。伙伴关系是新型国际关系建构的一种新路径,在关系框架的建构中体现着中国的外交理念和文明传承,在外交理念的宣扬中构建着中国式的国际关系新体系。

1. 大国关系建构

大国关系事关全球战略稳定,大国关系牵动中国外交战略布局。在中国外交整体框架中,大国关系是重要组成部分,意义重大。从中国外交决策的角度来看,大国关系在中国外交布局中的定位经历了一个发展过程。在党的十八大报告中,大国关系建构定位为"长期稳定健康发展的新型大国关系"。在党的十九大报告中,大国关系是"总体稳定、均衡发展的"。在党的二十大报告中,构建大国关系的内涵进一步丰富和完善,定义为"和平共处、总体稳定、均衡发展的大国关系格局"。大国关系内涵的变化,一方面体现了中国对关系本质认识的进一步深化和拓展,另一方面也体现了中国外交应对新形势新环境的调适性,同时也反映了大国关系在新时代中国特色大国外交体系中的重要作用更加凸显。

伙伴关系是处理大国关系的重要方式。在外交布局中,中国推动构建的大国关系主要包括中美、中俄、中欧等关系,其中,中俄伙伴关系和中欧伙伴关系是中国大国伙伴关系的主要代表。目前,除了中美关系外,中国与俄罗斯以及欧盟都确立了不同类型的伙伴关系,中俄新时代全面战略协作伙伴关系是当今世界发展最为积极的一组大国关系,也是中国伙伴关系体系中层级最高、影响最大的一组大国伙伴关系,是中国构建大国关系的一个典范。中欧确立了和平、增长、改

伙伴关系：中国与世界

革、文明的四大伙伴关系，开创了中欧大国关系的新格局，也开创了中国伙伴关系发展的新思路。四大伙伴关系拥有丰富的内涵和深刻的意蕴，涵盖了政治、经贸、人文交流等多个领域。中欧是维护全球和平稳定的两大力量，是推动全球发展繁荣的两大市场，是推动世界文明共生的两大文明，都正在经历人类历史上前所未有的改革进程，中欧四大文明的发展对于中欧关系的全方位提升发挥了极为重要的引领作用。

大国伙伴关系是构建新型大国关系的重要载体。伙伴关系是国家间交往互动的一种方式，也是一种载体，通过伙伴关系的建立，国家间多了一个交往和交流的平台和通道。国家可以借助这个载体，加强彼此之间的合作，也可以通过这个平台，把国与国的关系进一步加深，这是伙伴关系作为互动载体或平台的重要功能之一。当然，并不是没有伙伴关系的国家之间就不存在交流或交往了，客观上讲，所有的国家之间都存在着或远或近、或深或浅的关联，在全球化深入发展的时代，彼此完全隔绝的国家少之又少。某种意义上说，战争、冲突或者对抗，都是国家间互动交往的方式之一，只是这种交往是消极的、负面的。伙伴关系是国家间积极、正面交往的形式和载体，伙伴关系能够增进国家之间的交往互动，加强彼此之间的友好关系。中俄伙伴关系的建立和发展是构建新型大国关系的重要实践，虽然国际局势剧烈变动，中欧关系出现了诸多不稳定性因素，但是中欧之间的伙伴关系依然是战略沟通与互动交流的重要载体，依然在维持中欧关系的大局方面发挥着积极作用。构建健康稳定的新型大国关系离不开伙伴关系的支撑作用，通过伙伴关系加强和改善同大国之间的互动关系，具有重要意义。

2. 周边国家关系

在中国外交布局中，周边国家①具有重要的战略地位和作用，我国始终将周边置于外交全局首要位置，周边是中国安身立命之所，发展繁荣之基。一直以来，周边国家都是中国对外交往的战略依托，只有与周边国家的关系处理好了，中国的对外关系才有稳定的基础，中国才有时间和空间拓展更远距离、更广范围的国家关系。2013年10月召开了新中国成立以来的首次周边外交工作座谈会，充分阐释了周边国家在中国对外关系中的战略价值。处理好周边国家关系是实现"两个一百年"奋斗目标、实现中华民族伟大复兴的中国梦的需要。

伙伴关系的建立推动了中国与周边国家关系发展。虽然中国的第一个伙伴关系国不在周边，但是伙伴关系层级最高的国家在周边，伙伴关系整体水平最高的国家群在周边。从中国伙伴关系的实践结果来看，周边是发展最好、最稳定、最成功的区域，中国与绝大部分周边国家的伙伴关系都在加深，双边关系都在加强，这不仅是伙伴关系的成功所在，也是伙伴关系的价值所在，伙伴关系与国家关系实现了相互促进。在伙伴关系的推动下，周边国家在与中国互动的过程中加深了相互了解，深化了多领域合作，彼此的政治关系更加友好、经济纽

---

① 随着中国外交实践的不断深化和拓展，"周边国家"的边界和范围也在发生变化，除了传统意义上的接壤国之外（可称之为"小周边"），还提出了"大周边"的概念，大周边突破了传统的地理边界和认知边界，诸如澳大利亚、新西兰、中东国家等与中国不存在领土相邻的国家，都包含在大周边的范畴之内。有学者分析，传统的或者小周边的概念主要是从陆权国家的角度来理解的，而大周边则是从海权国家的角度来思考的，认为只要有海洋航线联通的区域都可归为周边区域。另外，也有研究从中国传统战略与外交思想的角度分析大周边，远交近和、远亲近邻，认为只要与中国存在密切交往和联系的国家都可以称为邻国，归为大周边国家。此外，还有研究把所有的国家都纳入"周边"的理论框架之内，把接壤的地区称为"近周边"，不接壤的地区叫作"远周边"。总之，从地理空间的特点来分析，无论是小周边还是大周边，近周边还是远周边，都是理解中国与周边国家关系的一种分析框架，本质还是中国与不同国家或地区互动互识互构实践的一种叙事模式。本书主要侧重于从传统意义的角度分析中国周边国家关系。

带更加牢固、安全合作更加深化、人文联系更加紧密。伙伴关系追求合作共赢，倡导共同发展，而讲信修睦、协和万邦是周边外交基本内涵。从本质上看，伙伴关系与中国周边外交的基本理念是内在统一的，两者是相互影响、彼此融合的。无论是从关系实践来看，还是从关系理念来看，伙伴关系的发展都极大地改善和提升了中国与周边国家的关系，创造了积极稳定的周边发展环境，亲诚惠容的周边国家关系始终是中国周边伙伴关系的战略目标和实践方向。

3. 发展中国家关系

从新中国成立以来的外交史来看，发展中国家[①]对于中国外交实践的突破、拓展和转型都发挥了极为重要的作用。无论是20世纪的建交热潮和多边外交"突围"，还是新时代十年中国特色大国外交的辉煌成就，都离不开发展中国家的支持和支撑。在中国的建交国中，发展中国家数量最多；在中国的伙伴关系国中，发展中国家规模最大；在伙伴关系国的关系层次中，发展中国家整体水平最高。发展中国家在中国外交布局中处于基础地位。

伙伴关系是中国处理与发展中国家关系的基础性框架和载体。在与中国建交的发展中国家中，几乎所有的国家都同中国建立了不同形式的伙伴关系，伙伴关系外交成为中国与发展中国家关系的显著特征。从关系实践来看，双边因确立了伙伴关系而交往加强、合作加深，与此同时，因双方的互动增多与合作加强而导致双边的伙伴关系不断迭

[①] 国际组织没有对"发展中国家"进行明确的定义，但一般意义上认为，发达国家之外的国家都属于发展中国家，主要是指经济、技术和人民生活水平较低的国家。从区域上看主要包括亚洲、非洲、拉丁美洲及其他地区的欠发达国家。因此，从一般意义上看，中国周边地区的诸多国家也属于发展中国家。但是在中国外交布局中，周边国家与发展中国家做了区分，周边国家之外的发展中国家属于中国外交布局中界定的发展中国家，主要包括非洲和拉丁美洲地区国家，这是狭义上的发展中国家，或者说是特指的发展中国家，这是中国外交布局的特殊之处。

代升级，双边关系进一步深化和拓展。在正确义利观和真实亲诚方针的指引下，中国建立了中非、中拉、中阿等与发展中国家群体的伙伴关系框架，建立了与区域内各国不同层次的双边伙伴关系网络，建立了基于金砖合作机制的多边伙伴关系平台，全方位、多层次、立体化的关系格局不断完善，伙伴关系推动和引领下的发展中国家关系逐步深化，极大提升了新时代中国特色大国外交在发展中国家中的影响力和塑造力。

第三节　维护世界和平与发展

维护世界和平、促进共同发展始终是中国外交政策的根本宗旨，中国的发展是世界和平力量的增长，中国的对外关系是世界可持续发展的保障，维护世界和平与发展是中国外交历史的真实写照。自从新中国开展对外交往以来，中国始终是世界和平的主要力量，始终同广大发展中国家站在一起，坚决维护世界的公平正义，坚决维护广大发展中国家的根本利益，中国以实际行动推动了世界和平与发展。

维护世界和平与发展的方式有二：一是通过自身发展实现之。中国是最大的发展中国家，中国力量的增长意味着发展中国家的力量增长，中国自身发展好了，解决好了14亿多人口的问题，也就是对世界和平与发展作出了贡献。二是通过与世界互动实现之，也就是通过与世界建立千丝万缕的联系、实施形式多样的互动来实现的，在与世界互动的过程中影响世界、改变世界甚至塑造世界。对外关系成为中国维护世界和平与发展的基本方式，这是发展对外关系同维护世界和平

伙伴关系：中国与世界

与发展之间的关系逻辑。在中国的对外关系中，伙伴关系又是处理中国与世界关系的主要形式，因此，在当前时期，维护世界和平与发展是中国伙伴关系的重要功能之一，也是发展伙伴关系的基本目的之一。

在中国与世界的互动关系中，伙伴关系对世界和平与发展的推动是极为复杂的，也是多种多样的，构建人类命运共同体和弘扬和平、发展、公平、正义、民主、自由的全人类共同价值，是伙伴关系维护世界和平与发展的两个主要方面。

1. 构建人类命运共同体

当前的国际格局出现了重大变革，国际秩序发生了重大转变，旧的国际体系已经发生深刻调整。旧的国际关系出现了一定程度的危机和挑战，原有的国家互动方式面临着新的挑战。旧的国际关系已动摇，新的国际关系尚未成型。另外，日益严峻的全球性危机，尤其是新冠疫情带来的世界性卫生危机，倒逼世界各国不得不审慎而严肃地处理全球治理问题。历史经验表明，世界需要新的治理方式和路径，需要新的世界理念和思想。从根本上说，需要世界各国处理好两大类关系：一是国家与国家的关系，即国际关系；二是人类与自然界的关系，即生态关系。从某种意义上说，人类命运共同体思想和实践是当前解决全球性问题的一种解决方案和路径。

人类命运共同体的构建不是空中楼阁，也不是无根之木，其必然基于中国长期累积的战略资源和关系资源。中国伙伴关系的不断发展和成熟就是命运共同体建构的重要基础。从本质上看，伙伴关系同人类命运共同体是相通的，皆是建立某种性质的互动关系，伙伴关系是以伙伴的态度和理念处理人与人、国与国、人类与自然的关系，人类命运共同体也是如此。对于人类命运共同体的构建来说，伙伴关系既是理念的支撑和深化,又是实践的支撑和突破。在伙伴关系的推动下,人类命运共同体体系更趋完善。在国家层面,中国正与越来越多的友好伙伴构建起双边命运共同体。^①截至2023年底,中国已与周边13国达成了构建命运共同体共识。^②周边命运共同体不断深化,体系叠加效应明显。在地区范围,各方已就打造周边、亚太、中国-东盟、中非、中阿、中拉命运共同体达成共识,周边、亚太、中非、中阿、中拉命运共同体建设成就斐然。^③面向和平与繁荣的澜湄国家命运共同体已经成为构建人类命运共同体的典范。在全球领域,中方倡议构建网络空间、核安全、海洋、卫生健康等命运共同体得到积极呼应。2020年,国家主席习近平在联合国生物多样性峰会上强调,新冠疫情告诉我们,人与自然是命运共同体。我们要同心协力,抓紧行动,在发展中保护,在保护中发展,共建万物和谐的美丽家园。持久和平、普遍安全、共同繁荣、开放包容、清洁美丽是人类命运共同体的核心内涵。坚持推动构建人类命运共同体是新时代坚持和发展中国特色社会主义的基本方略,坚持推动构建人类命运共同体是新时代中国对外工作的总目标。^④全球伙伴关系是通向人类命运共同体的新起点,^⑤积极发挥支撑作

---

① 王毅:《百年变局与世纪疫情下的中国外交:为国家担当,对世界尽责》,《学习时报》2020年12月14日。

② 中国同巴基斯坦、老挝、柬埔寨、缅甸、印度尼西亚、哈萨克斯坦、塔吉克斯坦、乌兹别克斯坦、泰国、蒙古国、土库曼斯坦、马来西亚、吉尔吉斯斯坦、越南等周边国家达成了构建命运共同体共识,详见《新时代中国的周边外交政策展望》《中华人民共和国和越南社会主义共和国关于进一步深化和提升全面战略合作伙伴关系、构建具有战略意义的中越命运共同体的联合声明》。

③ 王毅:《高举习近平外交思想光辉旗帜 书写民族复兴壮丽篇章》,《人民日报》2021年10月20日。

④ 中共中央宣传部、中华人民共和国外交部编《习近平外交思想学习纲要》,人民出版社、学习出版社2021年版,第60页。

⑤ 中共中央宣传部、中华人民共和国外交部编《习近平外交思想学习纲要》,人民出版社、学习出版社2021年版,第118页。

用，不断推进人类命运共同体建设，是新时代中国伙伴关系的重要功能之一。

2. 弘扬全人类共同价值

全人类共同价值弘扬和平、发展、公平、正义、民主、自由，主张各国人民相知相亲，尊重世界文明多样性，以文明交流超越文明隔阂、文明互鉴超越文明冲突、文明共存超越文明优越。无论是地缘冲突还是大国博弈，归根结底都是价值理念的冲突和博弈，认知体系的对立和对抗，西方式民主不是"万能药"，西方式价值也不是"放之四海而皆准"，西方式傲慢并不受欢迎，文化霸权、文明偏见依然是导致地区冲突、种族矛盾的主要诱因，威胁着世界和平与发展。中国开创性地提出了全人类共同价值，为世界文明互动提供了新的思路和范式。这种理念是全人类的，是西方的也是东方的，适用于所有人群、所有制度；这种价值是共同的，不是狭隘的，不是偏见的，也不是局部的，是全人类共同创造、共同享有、共同维护的价值理念，是实现世界永久和平和持久发展的思想引导。

中国伙伴关系发展有利于弘扬全人类共同价值。中国伙伴关系理念具有鲜明的共同价值特点，共同体思想是其根本与核心。中国的伙伴关系是和平的而非敌对的，是平等的而非歧视性的，是自由的而非胁迫的，是公平的而非压迫的，是正义的而非邪恶的。中国伙伴关系的基本理念是与全人类共同价值相一致的。另外，随着伙伴关系实践的不断拓展和深化，中国伙伴关系理念在全球范围内不断扩散，和平、发展、公平、正义、民主、自由的全人类共同价值也不断在全世界传播，逐渐在全球范围内形成一种新的世界观、价值观，为世界的和平与发展作出了积极贡献。

建设持久和平、普遍安全、共同繁荣、开放包容、清洁美丽的世界，秉持和平、发展、公平、正义、民主、自由的全人类共同价值，是世界和平与发展的迫切需要，也是中国伙伴关系不断发展的目标追求。在伙伴关系的推动下，人类命运共同体和人类共同价值在世界和平与发展中的地位和作用必将进一步凸显，贡献的力量必将进一步增强。

伙伴关系作为中国与世界互动的重要载体，其实践的目的和价值是多元的。维护国家的核心利益，推动实现国家的战略目标是中国伙伴关系最基本的目的所在，也是中国伙伴关系实践的立足点和落脚点。但中国与世界互动向来都不只是仅仅考虑自己的利益，合作共赢、天下大同一直是中国人的价值追求和理想情怀。因此，推动构建新型国际关系，积极打造人类命运共同体，大力弘扬全人类共同价值，大力推动全球发展倡议、全球安全倡议、全球文明倡议等新理念新方案新道路，是中国伙伴关系发展的重要目的所在。

第五章

中国伙伴关系的类型体系

从不同的维度,依循不同的标准和方式,中国的伙伴关系可以分为不同的类型,不同类型的伙伴关系具有不同的内容,表现出不同的形态和迥异的特性,展现了中国伙伴关系实践丰富多元的构成。然而,分析关系类型间的差异性只是从不同的角度来观察和审视中国伙伴关系发展演变的进程,彼此之间的区分实质上并不是绝对的,存在一定的交叉和融合。形态各异的伙伴关系类型是中国在与世界交往过程中呈现出的不同的互动路径和方式,不仅见证了中国与世界互动关系的深刻变革,也推动了这种变革进程的发展,从一个侧面绘制了中国与世界关系的生动画卷。

第一节　伙伴关系定位分类

关系定位是指关系行为体对关系属性的一种认知共识,通过对中国伙伴关系定位的梳理,可以把伙伴关系分为若干类型。分析伙伴关系定位分类时,需要考虑如下几方面的内容:一是这种定位必须是关系行为体的共识,而不是单一行为体的单方面判断或认同。二是关系定位的确立必须是正式的、官方的,而不是非正式的、非官方的。关系定位的确立一般通过共同的或联合的官方声明文件所界定,也可由关系相关方的主要领导人共同确立。三是关系定位的排序问题,或者说关系定位的序列问题。分析中国伙伴关系实践,从关系定位来看,中国的伙伴关系是一个谱系,基本可分为一般性伙伴关系、合作性伙伴关系、战略性伙伴关系、战略合作性伙伴关系以及特殊性伙伴关系五种定位。[①]在每一类关系系列中,又可分为多种次序列关系。所以,这是一种相对立体的分类方式。四是关系在定位谱系中的位置与关系疏密的对应关系,即定位靠前的关系是否一定是关系密切的关系,这是一个相对复杂的问题,本书暂不分析。

1. 一般性伙伴关系

一般性伙伴关系主要是指伙伴关系界定中不包含"合作伙伴关系"、

[①] 关系定位是对伙伴关系状态的一种界定和定义,但是伙伴关系的定位不是恒定不变的,也就是说同一个伙伴关系在不同的时期可能有不同的定位,即关系定位具有变动性特点。因此,描述一种伙伴关系定位必须限定在具体的时间范围和节点内。本书此处所描述的关系定位是指2023年时的定位,是指伙伴关系现状的定位,而非历史定位。

"战略伙伴关系"或"战略合作伙伴关系"等关键界定的一类伙伴关系。这一类伙伴关系数量相对较少，而且出现的时间相对较早，即在中国伙伴关系发展初期。在中国的伙伴关系体系中，这一类关系通常带有初创性的色彩，也是中国探索伙伴关系发展道路的一种表现。1994年9月中俄建立了面向21世纪的建设性伙伴关系，[①]1996年12月中国与尼泊尔确立了面向21世纪的世代友好的睦邻伙伴关系，1997年5月中法建立了全面伙伴关系，1998年4月中国与欧盟建立了面向21世纪的长期稳定的建设性伙伴关系，1998年10月中英建立全面伙伴关系，2000年4月中国与南非建立更加牢固和紧密的伙伴关系。21世纪以来，一般性伙伴关系的数量更为稀少，再次表明一般性伙伴关系是中国伙伴关系发展的初级形态，关系层次也相对较低。

2. 合作性伙伴关系

合作性伙伴关系一般是指伙伴关系定位中出现了"合作伙伴关系"这一核心界定，通常意义上的合作性伙伴关系合作的领域比较具体，涉及的范围也比较有限，一般是在低政治领域进行合作。比如中国与其他国家间建立的合作性伙伴关系，通常合作的范围都是双边性的，合作的领域大多是政治、经贸、人文、教育等方面，较少涉及战略层面的合作或者全球层面的协调。此外，从中国伙伴关系发展的历程来看，发展初期确立的伙伴关系大多是合作性的。合作性伙伴关系通常是两国建立伙伴关系的初始形态，也是两国发展其他伙伴关系的基础阶段，尤其在中国伙伴关系发展初期，这种特点尤为突出，体现了中

[①] 1994年9月时任国家主席江泽民访问俄罗斯，两国签订《中俄联合声明》，宣布两国建立面向21世纪的建设性伙伴关系。这是中国第一个以联合声明形式确认的伙伴关系，也是中国与大国建立的第一个伙伴关系。

国伙伴关系整体发展的渐变性、审慎性以及鲜明的时代性。

合作性伙伴关系从关系定位的高低来看，大体可分为一般性合作伙伴关系、全面合作伙伴关系和特殊性合作伙伴关系三种。一般性合作伙伴关系是指关系定位只是"合作伙伴关系"，没有其他限定。全面合作伙伴关系是合作性伙伴关系中数量最多的一类，可谓是合作性伙伴关系的主体。特殊性合作伙伴关系是指关系定位超出了"全面性合作"的范围，比如中国与新加坡建立的全方位合作伙伴关系，中国与马尔代夫建立的全面友好合作伙伴关系，中国与比利时建立的全方位友好合作伙伴关系，中国与芬兰确立的新型合作伙伴关系等。其是合作性伙伴关系中较为特殊的一系列关系，其关系定位在合作性关系中也较为特别。整体而言，从数量分配上来看，中国的合作性伙伴关系呈现橄榄球状的分布规律和特点。

3. 战略性伙伴关系

战略性伙伴关系是指关系行为体之间的合作是战略性的、全局性的，战略性伙伴关系的关系定位中一般都会出现"战略伙伴关系"的核心界定。从中国伙伴关系的发展来看，战略性伙伴关系是关系定位层级较高的伙伴关系，是新时期中国伙伴关系发展的主体形态，也是当前中国伙伴关系构成中数量最多的类型。战略性伙伴关系不仅是合作性伙伴关系的升级状态，是合作性伙伴关系的累积结果，也是新阶段中国伙伴关系实践的创新和突破，是中国伙伴关系发展整体水平的提升和跨越。2013年以来，中国新确立的伙伴关系中，战略性伙伴关系占据很大比例。这表明战略性伙伴关系不再是中国伙伴关系发展的升级状态和模式，而是初始状态和定位，中国伙伴关系发展整体上实现了跨序列变动。

战略性伙伴关系从关系定位的高低来看，基本可分为一般性战略伙伴关系、全面战略伙伴关系、特殊性战略伙伴关系三类。一般性战略伙伴关系是指关系定位中只有"战略伙伴关系"，没有其他修饰语或者限定词。2013年新建的伙伴关系中，大多数是此类型，特别需要指出的是，与欧美地区国家建立的国别性、双边性伙伴关系大多是战略伙伴关系。全面战略伙伴关系的双方或各方的战略合作层次更高、范围更广、程度更深。通常情况下，全面战略合作关系都是升级性关系，而不是初始性关系，因为这种关系定位层级较高，其确立需要关系双方或者各方更多的战略互信和利益共识。与此同时，这种关系的确立也需要更多的关系互动，难度相对较大。在中国的伙伴关系构成中，这类关系占有一定的比例，与战略伙伴关系一起构成了战略性伙伴关系的两大支柱，在某种意义上也是当前中国伙伴关系整体的两大主体。特殊性战略伙伴关系是定位更高或者定位特殊的战略性伙伴关系，是数量最少的战略性伙伴关系。其中，定位较高的伙伴关系，通常是特定条件下的国别性、双边性伙伴关系，是由中国与伙伴关系国特殊的双边互动所塑造的，是非常态的战略性伙伴关系，比如2019年中国与哈萨克斯坦建立的永久全面战略伙伴关系。[①]另外是一些定位特殊的伙伴关系，如中国与奥地利建立的友好战略伙伴关系、中国与爱尔兰确立的互惠战略伙伴关系、中国与瑞士的创新战略伙伴关系等。

4. 战略合作性伙伴关系

战略合作性伙伴关系是中国伙伴关系体系中定位层级最高的一序列伙伴关系，也是合作性伙伴关系与战略性伙伴关系的交叉类型。"合作性"体现了这类伙伴关系的基础特点，"战略性"体现了这类伙伴

---

① 《中华人民共和国和哈萨克斯坦共和国联合声明》，《人民日报》2019年9月13日。

关系的水平高度，与此同时，此类伙伴关系也是确立难度最大的伙伴关系。从中国伙伴关系历史来看，战略合作性伙伴关系主要分布在中国周边和非洲地区。在中国伙伴关系的整体分布中，此类伙伴关系是总量最少、定位最高的类型。如果说中国伙伴关系体系是一个金字塔，那么战略合作性伙伴关系处在中国伙伴关系体系的最顶端。

战略合作性伙伴关系从关系定位来看，可分为三种类型：一般性战略合作伙伴关系、全面战略合作伙伴关系和特殊性战略合作伙伴关系。一般性战略合作伙伴关系是指关系定位仅仅是"战略合作"，没有其他限定说明，如中国－文莱战略合作伙伴关系。全面战略合作伙伴关系是战略合作性伙伴关系的主体，数量最多。特殊性战略合作伙伴关系是一类较为特殊的伙伴关系，目前，中国确立的这类关系有中巴全天候战略合作伙伴关系、中俄新时代全面战略协作伙伴关系。另外，新时期随着中国伙伴关系理念和实践的不断探索和创新，"人类命运共同体"逐渐成为中国伙伴关系发展的更高层级和更高阶段，也是中国伙伴关系发展的最新形式和创新模式。目前，中国与老挝、巴基斯坦和缅甸分别确立了双边性的命运共同体关系定位。[①]作为伙伴关系未来发展的创新模式和路径，后面将对命运共同体构建进行专门分析。

5. 特殊性伙伴关系

特殊性伙伴关系是一类不同于以上关系定位的伙伴关系。在中国

[①] 2017年11月国家主席习近平访问老挝，两国决定"不断丰富和发展长期稳定的中老高度互信、互助、互惠的全面战略合作伙伴关系，共同打造牢不可破的具有战略意义的命运共同体"。

2018年11月巴基斯坦总统访华，两国宣布"进一步加强中巴全天候战略合作伙伴关系，打造新时代更紧密的中巴命运共同体"。

2020年1月国家主席习近平访问缅甸，两国宣布"深化两国全面战略合作伙伴关系，打造中缅命运共同体，推动中缅关系进入新时代"。

的伙伴关系实践中，这是一类特殊的伙伴关系，即在正式的文件表述中未出现明确的"伙伴关系"界定，但是在官方文件或者声明中则把关系定义为伙伴关系，其中最具代表性的是中菲关系。2005年中国国家主席访问菲律宾，两国"一致认为中菲关系已经进入伙伴关系的黄金时期，两国决定建立致力于和平与发展的战略性合作关系"。①从文件表述可知，战略性合作关系是一种伙伴关系，是一种表述中未出现"伙伴关系"的特殊伙伴关系。2018年中菲两国关系升级为全面战略合作关系，同理，这也是一种特殊的伙伴关系，一种定位层级高于战略性合作关系的伙伴关系。中菲的伙伴关系界定并不必然适用于与其他国家间的类似关系，如2004年中国和阿尔及利亚建立的战略合作关系、2008年中日建立的战略互惠关系、2010年中国与土耳其确立的战略合作关系、是否都可认定为特殊的伙伴关系，仍旧有待更多的文献资料进行佐证。②特殊性伙伴关系是中国伙伴关系实践的个案，需根据关系实践的不断丰富进一步观察和研究。

第二节　伙伴关系范围分类

伙伴关系范围是从关系行为体范围的维度来思考伙伴关系的不同场景和内涵，关系行为体范围主要是行为体所涉及的空间范围。根据

---

① 《中国与菲律宾发表联合声明》，《人民日报》2005年4月29日。
② 中国分别与阿尔及利亚和土耳其建立了战略合作关系，与日本确立了战略互惠关系，而且在官方的正式文件或者表述中并没有把双边关系明确表述为伙伴关系，但有研究认为这三对关系是伙伴关系，这仍然需要更具权威性的官方文献进行证明。参见任远喆《构建全球伙伴关系网络：历史发展与现实路径》，经济科学出版社2020年版。

伙伴关系：中国与世界

关系行为体范围的差异性，可以把中国伙伴关系分为国别性伙伴关系、区域性伙伴关系、全球伙伴关系网络三类。

1. 国别性伙伴关系

顾名思义，国别性伙伴关系主要是指中国与特定国家所建立的伙伴关系，如中巴伙伴关系。国别性伙伴关系是中国伙伴关系实践的主体，也是中国伙伴关系体系的支柱和主体，截至2023年12月，中国建立的130多个伙伴关系中，有122个都是国别性伙伴关系，占伙伴关系总数中的绝大部分。

在中国伙伴关系布局中，伙伴关系的国别性表现为大国伙伴关系、周边国家伙伴关系和发展中国家伙伴关系三种形式。第一，大国伙伴关系是中国伙伴关系体系的关键构成。从中国伙伴关系实践来看，虽然在时间上巴西是中国第一个伙伴关系确立国，但是在实质内容上俄罗斯却是中国的第一个伙伴关系实践国。[①] 中国的伙伴关系实践是从大国开始的，也是从大国最先升级的，截至目前，大国伙伴关系依旧是中国伙伴关系发展的关键。伙伴关系体系中的大国既包括美俄这样的全球性大国，也包括欧亚非拉美等区域或次区域范围内的地区大国，大国伙伴关系是中国伙伴关系实践发展的引领性、示范性模式，具有较强的带动效应。第二，周边国家伙伴关系是中国伙伴关系发展的实践基础，周边国家是中国伙伴关系实践最成熟、最完善，发展最快，水平最高的伙伴关系国群体，周边国家伙伴关系在整个伙伴

[①] 1993年11月中国国家主席访问巴西时两国建立战略伙伴关系，但没有公开的伙伴关系文件。1994年中国国家主席访问俄罗斯时两国建立建设性伙伴关系，发表《中俄联合声明》。这是目前已知的最早的中国伙伴关系文件。1996年4月俄总统访华，两国伙伴关系由"建设性伙伴关系"升级为"战略协作伙伴关系"。2001年签署《中俄睦邻友好合作条约》，两国关系发展迅速。在整个20世纪90年代，中俄伙伴关系研究是中国伙伴关系研究实践的重要内容。

关系框架中处于最基础的位置，是中国伙伴关系实践出发的地方，也是中国伙伴关系最先实现升级和突破的地方。第三，发展中国家伙伴关系主要是指中国与广大亚非拉发展中国家建立的合作关系。发展中国家是世界范围内数量最多的国家群体，也是分布范围最广的国家群体。大多数发展中国家都与中国存在着一定的历史传统关系。因此，中国与发展中国家的伙伴关系构建具有一定的基础条件。截至2021年7月，发展中国家伙伴关系是中国伙伴关系构成中数量最多的关系类型。与此同时，发展中国家也是中国伙伴关系未来拓展的重要方向，180个建交国中，未与中国建立伙伴关系的国家大部分是发展中国家。

2. 区域性伙伴关系

中国伙伴关系的区域性是指伙伴关系行为体的分布范围覆盖到的一定区域。通常情况下，中国的区域性伙伴关系有两种：一种是根据行为体特点来界定的区域性伙伴关系，主要指中国与区域组织或者国家集合体等建立的伙伴关系，如中国与非盟、中国与拉共体等区域组织建立的不同形式的伙伴关系。另外，在此类区域性伙伴关系中，根据区域性组织所覆盖的国家范围以及地理空间特点可知，其中还存在一种较为特殊的跨区域性伙伴关系，如中国与阿拉伯国家联盟建立的伙伴关系，因为阿拉伯国家联盟跨越亚非大陆，成员既有亚洲国家也有非洲国家，所以中阿伙伴关系是一种跨区域性伙伴关系。

另外一种区域性伙伴关系是根据伙伴关系自身的区域特点来界定的，而并非以关系行为体来界定或者描述的伙伴关系。如周边伙伴关系，这是中国与周边伙伴关系国共同构建起来的一种超越国别的伙伴

伙伴关系：中国与世界

关系，[①]而并非以行为体特点来解释的。中阿、中非伙伴关系虽然包含中国与阿拉伯世界以及非洲地区的合作，但是其是以与阿拉伯国家联盟和非洲国家联盟合作来带动中国与整个区域合作，与中阿、中非伙伴关系相比较，周边伙伴关系具有一定的抽象性。中国周边是中国伙伴关系建设的先进地区、重点地区和示范地区，[②]周边伙伴关系在中国伙伴关系发展中处于领先位置。总体而言，中国的区域性伙伴关系可以分为两种类型：以关系行为体特点为标志的伙伴关系、以地域特点为标志的伙伴关系。它们一种是相对抽象的界定，一种是相对具体的界定。

中国的区域性伙伴关系本质上是一种关系网络，无论是地区组织或者国家集合体，还是抽象意义上的地理空间，区域范围内都存在着诸多国家。也就是说，在区域性关系中，不仅存在着宏观层面的区域伙伴关系，如中非伙伴关系、周边伙伴关系，而且也存在着微观层面的国别性伙伴关系，如在周边国家中，中国与越南、柬埔寨等单一国家也都建立了伙伴关系。区域性伙伴关系与国别性伙伴关系存在一定的重叠。在区域性关系网络中，区域性伙伴关系与国别性伙伴关系之间存在着互动关系，国别性伙伴关系的发展有利于推动区域性伙伴关系的发展，反之亦然。区域性伙伴关系与国别性伙伴关系的变动并非必然因果关系，也就是说，区域性伙伴关系的建立并不必然意味着区域范围内的所有国家都与中国建立了伙伴关系。区域性伙伴关系的定位与区域范围内国别性伙伴关系的定位也不必然相同或者同步变化。简而言之，第一，两者定位并非必然相同；第二，两者变化并非必然同步；第三，两者互动并非必然结果。整体来说，区域性伙伴关系与

---

① 刘博文、方长平：《周边伙伴关系网络与周边安全环境》，《当代亚太》2016年第3期。
② 石源华：《中国周边学与周边伙伴关系建设》，《世界知识》2020年第3期。

国别性伙伴关系存在着积极的叠加效应。对于推动特定区域内的中国伙伴关系发展具有重要意义，如中国与东盟的伙伴关系实践发展对于中国与东南亚国家的关系具有积极影响，中国与东南亚国家伙伴关系的改善和升级也必然有利于中国与东盟的伙伴关系的推进。互促是两者互动的基本规律，只是相互影响的程度和效果如何，则是另一个比较复杂的研究议题。

3. 全球伙伴关系网络

全球伙伴关系网络是中国伙伴关系全球实践的结果，也是中国伙伴关系在全球范围内的互联互通。全球性伙伴关系不是一个具体的关系实践，更多的是一种宏观抽象的关系框架和关系体系，包含所有的中国伙伴关系，畅通了所有中国伙伴关系之间的联系，并通过一定的方式把全球范围内的伙伴行为体联结成为一个有机体。与国别性、区域性伙伴关系相比较，全球伙伴关系是覆盖范围最广的关系体系，是最宏观层面的伙伴关系框架。

全球伙伴关系网络体系的构建需要两个基本条件：一是存在遍布全球的伙伴关系，包括全球范围内的伙伴关系国、伙伴关系组织，这是全球性关系构建的基本组件；二是全球范围内伙伴关系的相互联系和相互运动，即彼此之间的互联互通。从某种意义上说，伙伴关系的确立是第一要件，也是基本前提，伙伴关系的互联互通是在伙伴关系存在的基础上进一步的发展和提升。伙伴关系的确立是中国与单一国家或者区域组织互动的结果，是中国打造新型国际关系的重要途径；伙伴关系的互联互通则是中国与世界互动的结果，是中国构建人类命运共同体的有效路径。因此，全球性伙伴关系网络体系的建构和完善，是中国推动构建新型国际关系和人类命运共同体的重要实践。

此外，在中国伙伴关系的体系框架中，伙伴关系的确立与伙伴关系的互联互通是伙伴关系结构的两个基本要素，伙伴关系确立的内在差异性、层次性，伙伴关系互联互通的基本原则、基本规律，关系确立与关系互通之间的辩证关系，都将是中国伙伴关系结构理论研究的重要内容。

第三节 伙伴关系对象分类

伙伴关系对象是指与中国共同构建伙伴关系的行为体，或者说是中国伙伴关系行为体中除了中国之外的其他行为体。从行为体的性质来看，有民族国家也有区域组织或者国际组织等；从行为体的数量来看，有两个的也有三个或者多个的。根据伙伴关系对象数量的多少，可以将中国的伙伴关系分为双边性伙伴关系和多边性伙伴关系两种。

1. 双边性伙伴关系

双边性伙伴关系是指关系行为体只有两个。从中国的伙伴关系实践来看，国别性伙伴关系是此类关系的主体。另外，区域性伙伴关系中也有部分关系是这种类型。双边性伙伴关系的最大特点是行为体数量只有两个，可以是两个国家，也可以是一个国家、一个国家组织，也就是说，作为中国伙伴关系对象，可以是民族国家，也可以是作为整体的区域组织或者国家集合体，如东盟、非洲国家、阿盟、欧盟、拉共体。①五大区域组织或国家集合体分别与中国建立了不同定位的伙伴关系。在伙伴关系体系中，这些组织或国家集合体以整体的方式参与，是关系的一方。在中国的伙伴关系体系中，双边性关系占比最大，数量最多，是中国伙伴关系主体，其中，国别性的双边伙伴关系则是核心构成。

2. 多边性伙伴关系

多边性伙伴关系是指行为体数量是多个（包括三个）。在中国伙伴关系发展中，曾经出现过中日韩三边伙伴关系。2008年中国国务院总理访日期间，中日韩三国领导人举行峰会，签署了《三国伙伴关系联合声明》，②搭建了三国合作的重要平台。但是随着三国关系的演变，中日韩三边伙伴关系并未延续下去，目前三国之间已不再存续三边伙伴关系。

中国的多边性伙伴关系大体有两种情况。一种是中国作为一方参与的伙伴关系。从某种意义上说，这种参与式伙伴关系并非中国主动构建或者推动的。1996年3月第一届亚欧首脑会议在泰国举行，会议上

---

① 分别是东南亚国家联盟（ASEAN）、非洲国家、阿拉伯国家联盟（LAS）、拉美和加勒比国家共同体（CELAC）和欧盟（EU）。其中，关于中国与非洲国家间建立的伙伴关系，根据中华人民共和国外交部网站信息可知，中非合作论坛首届部长级会议2000年在北京召开时，与会方签署了《中非合作论坛北京宣言》，决定"在南南合作的框架内建立长期稳定、平等互利的新型伙伴关系"。详情参阅《中非合作论坛北京宣言》，《新华每日电讯》2000年10月13日。中非论坛是中国同与中国建交的53个非洲国家以及非洲联盟委员会建立的合作机制和平台，与中国－东盟伙伴关系不同，中非伙伴关系并不是中国单独与非盟组织建立的关系框架。非盟有成员55个（截至2021年7月），中非合作论坛的非洲国家有53个，两者在覆盖范围上有一定区别。因此严格意义上说，中非伙伴关系是指中国同非洲建交国整体以及非盟建立的伙伴关系，可以说是中国同非洲国家之间建立的伙伴关系，而并不是专指同非盟建立的伙伴关系，非盟包含在中非关系框架内。

② 《中日韩〈三国伙伴关系联合声明〉》，《人民日报》2008年12月14日；《中日韩领导人会议确立三国伙伴关系》，《新华每日电讯》2008年12月14日。

伙伴关系：中国与世界

发表了《第一届亚欧首脑会议主席声明》，宣布建立亚欧新型伙伴关系。作为亚欧会议机制的缔约国，中国领导人参加了首脑会议，发表了题为《建立面向二十一世纪的亚欧新型伙伴关系》的讲话，并且第一次较为详尽地阐释了中国对亚欧伙伴关系的认知。[①]亚欧伙伴关系是中国参与的第一个多边性伙伴关系，中国是以参与者的身份加入亚欧伙伴关系体系的，中国并未主导该关系。亚欧首脑会议每两年举行一次，中国领导人都会参加，并且多次以伙伴关系为主题阐述中国的亚欧合作主张，表达了中国对亚欧伙伴关系的认识和态度。2005年4月亚非峰会宣布建立亚非新型战略伙伴关系，中国国家主席出席并发表题为《与时俱进 继往开来构筑亚非新型战略伙伴关系》的讲话，阐释中国对亚非新型战略伙伴关系的看法。[②]2015年4月亚非领导人会议发布《重振亚非新型战略伙伴关系宣言》[③]，中国国家主席发表题为《弘扬万隆精神 推进合作共赢》的讲话。亚欧伙伴关系和亚非伙伴关系是中国参与构建的两大多边性伙伴关系。此外，大湄公河次区域经济合作机制也是中国参与的多边性伙伴关系之一。[④]

[①] 在首脑会议上，中国政府阐明了中国对亚洲伙伴关系的认知，认为亚欧新型伙伴关系应具备五个基本特征，即：相互尊重，平等相待；求同存异，彼此借鉴；增进了解，建立信任；互利互惠，优势互补；面向未来，共同发展。这是中国领导人第一次在国际多边舞台上系统全面地表达中国的伙伴关系主张。这些特征也成为中国伙伴关系理念的基本内容。

[②] 中国政府认为，亚非新型战略伙伴关系的"新"应该体现在：一是政治上相互尊重、相互支持，二是经济上优势互补、互利共赢，三是文化上相互借鉴、取长补短，四是安全上平等互信、对话协作。中国领导人从政治、经济、文化、安全四个维度，再次系统分析了中国理解的多边性伙伴关系内涵。详情参阅《与时俱进 继往开来构筑亚非新型战略伙伴关系》，《人民日报》2005年4月23日。

[③] 《重振亚非新型战略伙伴关系宣言》，《人民日报》2015年4月25日。

[④] 大湄公河次区域经济合作机制（GMS）是由亚洲开发银行1992年发起成立，成员国包括中国、柬埔寨、老挝、缅甸、泰国、越南6国。在2005年举行的大湄公河次区域经济合作第二次领导人会议上通过了《昆明宣言》。宣言表明GMS 6国伙伴关系不断巩固和加强。在会议上中国国家领导人对各国伙伴关系合作进行了阐释。详情参阅温家宝《加强伙伴关系 实现共同繁荣》，《人民日报》2005年7月6日。

另外一种多边性伙伴关系是中国积极推动或者引领的关系，中国在此类伙伴关系框架内主动倡导构建伙伴关系。这种引领性伙伴关系是中国伙伴关系实践发展到一定程度和一定阶段的结果，是中国伙伴关系不断走向成熟、不断自我超越的结果，是新时期中国与世界互动实践不断调整的结果，是新时期中国伙伴关系新实践的重要尝试和突破，见证了中国伙伴关系理念和行为的转变过程。引领性伙伴关系根据覆盖范围的大小，又可进一步划分为区域性多边伙伴关系和次区域性多边伙伴关系。

　　在中国伙伴关系实践中，亚太伙伴关系是中国较早倡导构建的区域性多边伙伴关系之一。2014年11月中国主办亚太经合组织（APEC）第22次领导人非正式会议，习近平主席在会上作了题为《共建面向未来的亚太伙伴关系》的开幕辞，倡导构建"互信、包容、合作、共赢的亚太伙伴关系"。① 会议通过《共建面向未来的亚太伙伴关系——APEC成立二十五周年声明》，各方承诺"本着互尊、互信、包容、合作、共赢的精神，共建面向未来的亚太伙伴关系"。② 此后，亚太伙伴关系成为中国积极推动的区域性多边伙伴关系，亚太伙伴关系成为中国拓展伙伴关系实践的重要内容。③ 金砖伙伴关系、"一带一路"伙伴关系都是中国大力倡导的区域性伙伴关系多边合作平台。

---

　　① 习近平：《共建面向未来的亚太伙伴关系》，《人民日报》2014年11月12日。
　　②《共建面向未来的亚太伙伴关系——亚太经合组织成立二十五周年声明》，《人民日报》2014年11月12日。
　　③ 此后在召开的亚太经合组织第23、24、25、26、27次领导人非正式会议上，中国国家元首都对亚太伙伴关系的理念和实践作了阐释，不断加强与亚太经合组织国家间合作，促进亚太伙伴关系向前发展。在第27次领导人非正式会议上，中国领导人提出了自主自愿、协商一致、灵活务实、循序渐进的"APEC方式"。倡导开放的地区主义，倡导共同构建"开放包容、创新增长、互联互通、合作共赢的亚太命运共同体"，这表明中国正在不断引领亚太伙伴关系向更高水平的亚太命运共同体跃升。详情参阅习近平《携手构建亚太命运共同体——在亚太经合组织第二十七次领导人非正式会议上的发言》，《人民日报》2020年11月21日。

近年来，中国推动构建的次区域性多边伙伴关系主要是澜湄合作伙伴关系。澜沧江-湄公河合作（以下简称"澜湄合作"）机制是中国倡导发起的多边合作机制。[①] 2020年召开的澜湄合作第三次领导人会议上通过了《澜沧江-湄公河合作第三次领导人会议万象宣言——"加强伙伴关系，实现共同繁荣"》，6国宣布加强政治和安全合作、经济和可持续发展合作、社会人文交流、澜湄合作机制四大方面的伙伴关系建设。[②] 顾名思义，次区域性多边伙伴关系覆盖的地理空间范围小于区域性多边伙伴关系覆盖的，但是在合作范围和议题选择偏好方面，两者具有较大的相似性，大多关注地区治理、经济合作等领域。另外，次区域性多边伙伴关系合作机制通常是缘起于特定议题的合作且具有突出的地域性特征，如澜湄合作机制主要是澜沧江和湄公河流域的相关国家间合作平台，水资源治理是联系合作机制六方的重要纽带。

第四节　伙伴关系性质分类

中国伙伴关系的性质是指关系涉及内容的性质或者说关系包含内容的性质，也可以说是关系内容的限定范围情况。综合而言，从关系内容范围来看，中国伙伴关系大体可分为综合性伙伴关系和具体性伙伴关系两种。

[①] 澜湄合作机制成立于2016年，成员国包括中国、柬埔寨、老挝、缅甸、泰国、越南6国，澜湄合作首次领导人会议于2016年3月在海南三亚举行，全面启动澜湄合作进程，六方一致同意共建澜湄国家命运共同体。

[②]《澜沧江-湄公河合作第三次领导人会议万象宣言》，《人民日报》2020年8月25日。

1. 综合性伙伴关系

综合性伙伴关系意味着伙伴关系涉及的内容是全面的、综合的，包括政治、经济、文化等全局性内容，有时也包括军事领域和安全领域。在中国伙伴关系构成中，综合性伙伴关系的数量最多，发展最早，也最成熟、最系统，大部分的国别性、双边性伙伴关系都是此类型。综合性伙伴关系是中国伙伴关系体系的主体，所涉及的合作范围最广泛，代表了中国伙伴关系发展的主流进程，对中国伙伴关系发展具有基础性作用。

2. 具体性伙伴关系

具体性伙伴关系指关系行为体是就具体的领域或事项议题加强合作而建立的互动平台和方式。从实践进程来看，具体性伙伴关系涉及的合作范围大多集中在某一特定领域，而且在中国的伙伴关系发展中出现较晚，比如，2014年中国与印度确立了发展伙伴关系，把发展伙伴关系界定为两国战略合作伙伴关系的核心内容，[①]发展伙伴关系成为战略合作伙伴关系的一部分。2017年中国与以色列建立的创新全面伙伴关系是双方加深创新领域合作的重要框架。[②] 2018年中国与塞舌尔建立的蓝色伙伴关系是双方加强海洋领域合作的重要行动。具体性伙伴关系通常涉及的内容都是领域性或者议题性的，

[①]《中华人民共和国和印度共和国关于构建更加紧密的发展伙伴关系的联合声明》，《人民日报》2014年9月20日。

[②] 中国与以色列之间的创新全面伙伴关系与中国同瑞士间建立的创新战略伙伴关系具有较大差异性。虽然两者关系界定中都有"创新"限定，但是从两者建立的联合声明内容可知，中以伙伴关系内容主要集中在创新领域。中瑞伙伴关系认为"开拓创新精神是中瑞关系发展的突出特点……双方应按照战略伙伴关系的原则，以相互尊重和平等相待为基础发展这一关系"。由此可见，中瑞间的合作是创新理念指导下的战略性合作，而非创新领域合作。

伙伴关系：中国与世界

因此，也可称之为领域性伙伴关系或者议题性伙伴关系。这类伙伴关系中，既有双边性的，如中以和中塞间的伙伴关系，也有多边性的，如业已签订的区域全面经济伙伴关系①。在2015年亚非领导人会议讲话中，中国国家主席呼吁构建"更加平等均衡的新型全球发展伙伴关系"。②中国以构建多边性议题性伙伴关系为依托，积极推动构建更加公平合理的全球治理体系，增进中国与其他地区或国家的良性互动。

领域性或议题性伙伴关系通常关注全球性问题，即全球治理问题，如可持续发展问题、海洋治理问题等。这类伙伴关系是新时期中国伙伴关系的一种实践创新和模式创新。这类伙伴关系主要是中国围绕特定的议题或者特定的事项，为了加强与其他国家合作而主动构建的，这类伙伴关系的合作内容较为具体，目标相对清晰。比如，中国为了推动全球海洋治理进程，加强海洋经济合作，共建海洋命运共同体，倡导与其他国家建立蓝色伙伴关系。蓝色伙伴关系的定位是推动中国与其他国家进行海洋领域合作，是具体领域范围内的双边或多边互动，不涉及双边或多边的多领域互动。2017年，中国首次提出蓝色伙伴关系。通过《平潭宣言》，以"相互尊重、平等合作、互利共赢"为原则，中国与12个小岛屿国家就建立蓝色伙伴关系达成共识。③此后，中国又先后与欧盟、西班牙、塞舌尔建立了双边性的蓝色伙伴关系。蓝色伙伴关系成为中国推进全球海洋治理合作的重要平台。此外，在可持续

---

① 《区域全面经济伙伴关系协定》（RCEP）2012年由东盟发起，成员包括中国、日本、韩国、澳大利亚、新西兰和东盟十国共15个国家，2021年11月15日协定正式签署，正式启动当前世界上人口最多、经贸规模最大、最具发展潜力的自由贸易区进程。2021年3月8日，中国政府宣布已正式核定该协定。

② 《弘扬万隆精神　推进合作共赢》，《人民日报》2015年4月23日。

③ 12个小岛屿国家分别是安提瓜和巴布达、佛得角、斐济、格林纳达、几内亚比绍、马尔代夫、纽埃、巴布亚新几内亚、萨摩亚、圣多美和普林西比、斯里兰卡、瓦努阿图。

发展方面,中国也与其他国家建立了可持续发展伙伴关系。2012年中国国务院总理访问挪威期间,双方签署了可持续发展的战略框架文件,宣布"双方愿本着相互尊重、平等互利的原则,在可持续发展方面建立和发展长期、全面、高水平的伙伴关系"。①在伙伴关系实践发展的新阶段,议题性或领域性伙伴关系已经成为中国推动国际治理体系和治理秩序变革的重要手段,也成为中国重塑自身与国际社会互动进程的重要推动力之一(见图5-1)。

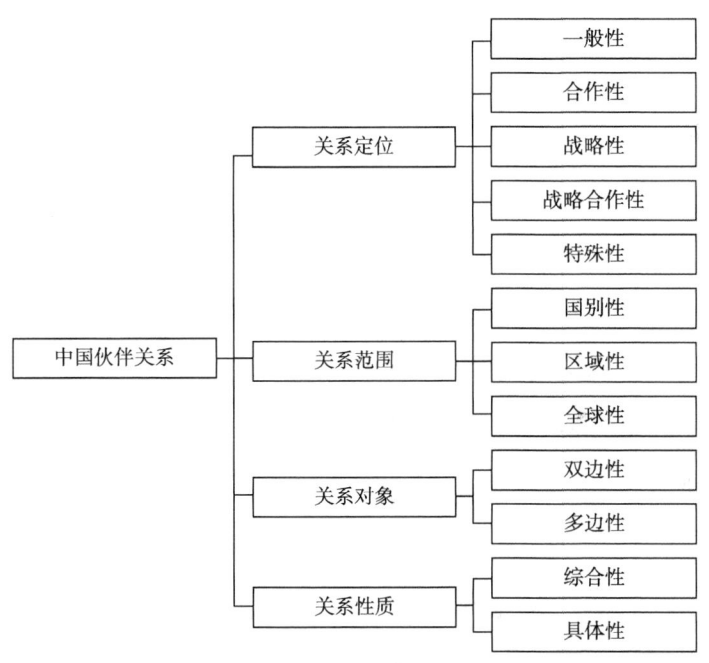

图5-1 中国伙伴关系类型

在中国伙伴关系理论体系中,关系类型理论占据重要的位置,厘清和明晰伙伴关系的基本分类以及各种类型之间的区别和联系,是深入研究中国伙伴关系的重要前提。30年的伙伴关系实践衍化出内容庞杂的伙

---

① 《中华人民共和国和瑞典王国关于在可持续发展方面加强战略合作的框架文件》,人民政府网站,http://www.gov.cn/jrzg/2012-04/25/content_2123640.htm。

伴关系类型。从实践的维度来看，不同的发展阶段，对伙伴关系类型的关注程度存在较大差异，伙伴关系的规范类型是在不断的发展历史中逐渐积累和修正的。从实践的空间维度来看，不同地区的伙伴关系类型不仅存在共时性的存在差异，而且也存在着历时性的演变差异。虽然根据不同的分类标准，中国的伙伴关系分为了很多不同的类型，但是不同类型之间不存在绝对的分隔，通常情况是相互交织和重叠的，而且在同一标准的分类体系内，不同类型之间的区分也会存在一定的模糊性和不确定性，尤其是在伙伴关系发展初期，这种情况更为普遍。

第六章

中国伙伴关系的结构理论

从中国伙伴关系实践的空间性来看,中国伙伴关系具有两方面的显著特征:一是不同空间范围内的伙伴关系分布存在较大的差异性;二是不同空间范围内伙伴关系定位也存在极大差异性,即特定伙伴关系在特定空间内的地位是不同的,特定关系等级在特定空间内的分布也是不同的,包括在区域范围以及全球范围两个维度。无论是地位作用还是层级定位,中国伙伴关系都呈现出显著的层次性结构。另外,从伙伴关系整体布局来看,大国、周边国家、发展中国家以及多边组织是中国伙伴关系网络体系建构的四个支柱,彼此间的关系共同决定了中国伙伴关系的发展前景和方向。伙伴关系的结构性表现了中国伙伴关系实践发展的共时性特征。

伙伴关系：中国与世界

第一节 中国伙伴关系定位结构

从关系定位的角度来看，中国伙伴关系是由战略合作性、战略性和合作性三大类九小类构成的，具有明显的层级结构。中国伙伴关系层级结构具有两种不同的分析路径和范畴：一是从关系层级的自身结构来看，中国伙伴关系是一个系统，不同层级的伙伴关系在该系统中所处位置的实然状态和应然状态存在一定的差异性和区别性；二是从关系层级的空间结构来看，中国伙伴关系也是一个系统，不同层级的伙伴关系在该空间系统中的实然状态和应然状态也存在差异性和变动。关系层级的两大系统以及关系在两大系统中的实然性和应然性特点，是中国伙伴关系定位结构的基本存在。

1. 关系定位的内在结构

近30年的伙伴关系实践构建了战略合作性、战略性和合作性三大类九小类的定位体系。在这个系统内，不同层级的位置情况是不同的，或者说，不同的层级在该系统中所处的方位和所具有的意义是不同的。从当前的伙伴关系层级分布来看，[①]战略性关系数量最多，在伙伴关系网络中占据主体地位，这是一种橄榄球状的分布。同理，九小类层级在层级体系中的存在状态也是不同的。整体来看，中国伙伴关系层级分布相对均衡，层级内在结构相对稳定。当前的中国伙伴关系层级呈现出显著的橄榄球状结构，中间部分占主导，两端部分基本持平。层

---

① 此处主要分析国别性伙伴关系。

级分布的橄榄球结构也凸显了当前中国伙伴关系发展的一种稳态。这是中国伙伴关系层级内在结构的实然性特征。

从关系互动的发展维度来看，层级高的关系数量比例越大，表明关系的整体状态越好，或者说，战略合作性伙伴关系数量越多，中国伙伴关系发展趋势越积极。因此，伙伴关系层级内在的应然结构并非橄榄球状分布。从中国伙伴关系发展的基本历程和演变方向来看，上升性是其整体特点，突破原有关系定位，从较低层级向较高层级运动是基本规律。推动不同形式的互动关系纵深发展，实现互动关系整体水平的提升和整体状态的改善，是中国伙伴关系未来发展的主要方向和目标。因而，处理好层级结构的实然性与应然性关系，促使伙伴关系内在结构从实然状态向应然状态转变，是中国伙伴关系结构转型的重要内容。

2. 关系定位的空间结构

中国伙伴关系定位的空间结构性具有明显的差异性，不同区域空间的伙伴关系定位具有较大的区别性。从伙伴关系层级的全球性分布来看，亚洲地区的高层级伙伴关系（包括战略合作性伙伴关系和战略性伙伴关系两大类）数量最多，比重最大。截至2023年12月，亚洲地区的高层级伙伴关系最多，其次是欧美地区、非洲地区、拉丁美洲和加勒比地区和大洋洲地区。从伙伴关系层级的全球分布来看，高层级伙伴关系主要集中在亚洲地区。从各区域内伙伴关系层级分布来看，高层级伙伴关系的空间结构又呈现出较大的不同。首先在大洋洲地区，所有的伙伴关系都是战略性伙伴关系，高层级伙伴关系100%全覆盖，是覆盖率最高的区域；其次是拉丁美洲和加勒比地区，该地区共有伙伴关系15对，其中高层级伙伴关系有14对，占比达93.3%；再次才是

伙伴关系：中国与世界

亚洲地区，亚洲地区共有38对伙伴关系，高层级伙伴关系占比约为85%；最后是欧美地区和非洲地区。因此，从单一区域来看，大洋洲地区与拉丁美洲和加勒比地区的高层级伙伴关系占比最高，这在一定程度上反映了在这两个区域的已有伙伴关系格局中，高层级伙伴关系发展情况相对较好。这只是反映了在已有伙伴关系格局中，高层级伙伴关系的空间差异性，却并不能反映在区域范围内所有国家格局或者所有建交国格局中的空间分布情况，这是中国伙伴关系层级分布空间结构的实然性体现。

根据不同的关系互动历史和实践，同所有区域范围内的国家都建立良好的双边关系，是中国伙伴关系在区域空间范畴内发展演变的最佳状态，也是中国伙伴关系空间结构的应然状态。从当前的伙伴关系层级空间分布来看，中国伙伴关系依然存在一定的拓展空间和升级空间，同未建立伙伴关系的建交国建立伙伴关系，同已建立伙伴关系的伙伴国提升伙伴关系，是中国伙伴关系层级空间结构转变的两个方向，也是中国伙伴关系空间拓展和水平提升的两条路径。

从关系层级的内在结构来看，高层级关系数量最多。这表明在现有的伙伴关系规模中，中国伙伴关系水平已经得到较大提升，并且高层级伙伴关系主导了中国伙伴关系发展的主体进程。从关系层级的空间结构来看，中国在亚洲地区、非洲地区、欧美地区、拉丁美洲和加勒比地区及大洋洲地区都有伙伴关系国，全球性分布的空间布局基本形成，大部分地区的高层级伙伴关系比例都较高，中国伙伴关系空间布局已发生质的改变。由此可见，无论是在伙伴关系定位的内在系统还是在空间系统中，高层级关系都是主体，高层级关系主导着两大系统的结构调整方向。此外，伙伴关系内在结构与空间结构交织不仅确立了伙伴关系层级在特定空间里的方位，而且也确立了不同空间在伙伴关系层级体系中的位置。简而言之，伙伴关系的空间结构具有层级性差异，伙伴关系的层级结构也具有空间性差异。

第二节　中国伙伴关系布局结构

从关系布局的角度来看，中国的伙伴关系已经遍布全球，分别建立了国别性、次区域性、区域性、跨区域性、全球性等涵盖不同地域范围的伙伴关系网络。在某一特定的实践节点上，中国伙伴关系在不同地理空间范围内的存在情况不同，不同的区域空间在中国伙伴关系的整体布局中所处的位置情况也不同。本书主要从伙伴关系数量规模的角度来分析伙伴关系的空间结构。

1. 关系布局的内在结构

在伙伴关系的布局体系中，国别性伙伴关系是主体与核心，占据了中国伙伴关系的绝大部分，在伙伴关系体系中具有绝对主导。从中国伙伴关系实践发展的历史来看，国别性伙伴关系不仅是中国伙伴关系的最初形态，也是中国伙伴关系贯穿始终的主线。区域性伙伴关系是中国伙伴关系的第二大主体，包括中国主导建构以及参与建构两种类型，次区域性和跨区域性伙伴关系数量相对有限，是中国伙伴关系的理论创新和实践突破。全球性伙伴关系不是中国所推动的全球伙伴关系网络，而是中国参与或者倡导的国际治理类的关系模式，如中国参与的联合国发展伙伴关系等。

从整体布局来看，国别性关系决定着布局结构的基本特性以及变动方向，其他四种关系是国别性关系的有益补充，随着国别性伙伴关系数量的不断增加，这四种关系将成为中国伙伴关系深化布局结构调整的重要方向。[①]从构建全方位战略布局的角度来看，布局结构调整是中国伙伴关系未来发展的重点，这不仅包括国别性关系与其余四种关系的比重变化，而且也包含各种关系在整体布局中地位作用的变化。

2. 关系布局的空间结构

30年间，中国在五个不同地理空间的伙伴关系数量都经历了巨大变化。这种以地理空间为分析依据的伙伴关系数量变化和差异基本上体现在两个方面：一是不同区域的伙伴关系数量存在差异，二是同一区域内不同次区域的伙伴关系数量也有差别。两种场域的数量差异还体现在两个维度：数量总数的差别和数量变化的差别，即不同区域或次区域间不仅关系总数不同，而且关系数量的变化幅度也不相同。此外，比较不同地域空间内的伙伴关系外交数量，还需考虑空间范围内国家或国际组织总数以及中国在该区域内的建交国家数量，比较的是相对数量和增幅，而不是绝对数量和增幅。

同为中国伙伴关系的对象，空间分布的差异性体现了中国伙伴关系的一种基本特征，或者说是一种基本事实，即伙伴关系在不同区域的存在状况是由主观因素与客观条件共同决定的，是由复杂的、多元的建构进程所塑造的，伙伴关系的地理空间特点是由多重原因造成的。

从全球范围来看，中国伙伴关系在亚洲地区、非洲地区、拉丁美

[①] 目前中国建交国中，大部分国家都同中国建立了伙伴关系，从发展的大趋势来看，国别性伙伴关系发展的空间相对固定，而中国的区域性、次区域性、跨区域性伙伴关系数量相对较少，随着中国特色大国外交的不断推进，四者发展的潜力较大。

洲地区、欧美地区和大洋洲地区的分布情况存在较大差异。截至2023年底，中国的伙伴关系总数为122个，①从总数分布来看，亚洲地区伙伴关系数量最多，其次是欧美地区和非洲地区，大洋洲地区最少。这表明中国伙伴关系空间结构相对不均衡，区域与区域之间差异较大，尤其是亚洲、非洲和欧美三个区域。在这三个区域，中国的建交国家数量分别为45个、53个和46个。其中，亚洲地区伙伴关系数量为38对，②占比31.15%；非洲地区伙伴关系总数为30对，占比24.59%；欧美地区伙伴关系总数为28对，占比22.95%；大洋洲与拉丁美洲地区伙伴关系总量相对较小。③

以2013年为分界点，前20年和后10年的中国伙伴关系发展具有明显的差异。针对2013年以来的中国伙伴关系空间结构变动，伙伴关系增量变化最能反映出其基本规律。10年来，亚洲地区增量为20，占全球伙伴关系总数比例约为16.4%；非洲地区增量为25，占总数比例约为20.5%；欧美地区增量为8，占总数比例为6.6%；拉丁美洲和加勒比地区增量为7，占总数比例为5.7%；大洋洲地区增量为10，占总数比例为8.2%，增幅最大。由此可知，大洋洲地区增幅最大，欧美地区增幅最小；非洲地区增量最大，拉丁美洲和加勒比地区增量最小。增量最大的地区并不一定增幅最大，增幅最大的区域也不一定增量最多。中国伙伴关系发布的这种特点不仅与区域范围内伙伴关系的动态变化有

---

① 不包括中国-东盟伙伴关系、中欧伙伴关系、中非伙伴关系、中阿伙伴关系和中拉伙伴关系等双边性伙伴关系。

② 在亚洲地区，中朝关系相对特殊，两国官方均未正式宣布建立伙伴关系，因此不计入伙伴关系之列。

③ 三个区域的国家总量、中国的建交国家总数比较相近，伙伴关系发展情况具有相对可比较性。而拉丁美洲和加勒比地区与大洋洲地区国家总量本身就小，因此伙伴关系数量客观上与其他三个区域不具有可比性。但是从发展速度和幅度的角度分析，一定时间区间内的增量却具有横向比较价值，从而反映出一定时间区间内不同地理空间分布的变动情况。

伙伴关系：中国与世界

关，也与区域范围内伙伴关系的原有基数有关，即当下中国伙伴关系空间结构的现状是由关系基数和关系增量共同决定的。

伙伴关系总量和伙伴关系增量的区域分布差异性表明，总量变化与增量变化并不同步，总量分布的差异性与增量分布的差异性并不必然相关，即总量与增量的空间分布具有二元性。如大洋洲是总量分布最少的区域，但却不是增量最少的区域。总量的弱势并不代表增量的劣势，同样，增量的优势并不代表总量的强势，区域分布的总体水平高并不能代表近些年区域分布变化的速度快。伙伴关系在一定区域范围内的数量变化，除了与近年来的伙伴关系增量有关，而且也与以往该地区的伙伴关系发展状况有关。通常而言，总量反映了区域发展的总体水平，增量反映了新时期中国伙伴关系外交在不同区域内的发展速度和效果。伙伴关系区域总量也并不必然反映伙伴关系的区域水平，因为不同区域的国家总量存在差异，中国在不同区域的建交国数量也存在差异。因此，判定伙伴关系的区域水平也需要考虑区域国家总量和建交国家总数。因此，提高伙伴关系的区域分布水平与伙伴关系增量、伙伴关系总量、区域国家总量以及建交国总量都有关系。中国伙伴关系的布局结构具有显著的空间差异性，与此同时，关系的空间结构也具有明显的布局性差异。

此外，从关系布局的空间特性来看，一方面，全球伙伴关系网络是一个复杂的巨系统，包含着各种形式多样、规模不等的子系统，子系统与子系统以及子系统与巨系统之间相互作用、相互影响；另一方面，全球伙伴关系网络也是一个同心圆，核心国家的伙伴关系在最内层，核心区域的伙伴关系在第二层，全球性的伙伴关系在最外层。另外，从实践的角度来看，全球伙伴关系网络中，亚洲地区伙伴关系是核心；在亚洲，周边伙伴关系是核心；在周边地区，中巴、中越等伙伴关系是核心。① 与此同时，从某种意义上说，中国在每个区域内，都有核心国家。核心区域与核心国家都具有示范和辐射效应，可以带动其他区域和国家间的关系发展。由此可见，中国伙伴关系布局具有显著的层次性。

第三节 中国伙伴关系结构特点

全球性伙伴关系网络体系的构建需要诸多的关键关系国或者支点国家来支撑，即需要在不同的地理区域范围内，确定诸多具有关键意义和作用的伙伴国家，建立伙伴关系，而后再通过互动机制联系起来成为一种网络。

1. 空间结构具有均质性和均衡性的双重特点

1993年以来，中国伙伴关系的空间分布并不是均衡的，即不同的区域之间以及同一区域的不同次区域之间都存在着极大的差异性。扩大"朋友圈"、拓展外交空间是中国国家发展的内在需求。增加伙伴关系数量，推动伙伴关系在不同区域协调发展，是中国伙伴关系外交实践的逻辑必然。2013年以来，中国伙伴关系外交的空间布局发生了较为明显的变化，空间分布的均衡性和均质性趋势明显增强。从全球范围来看，虽然亚洲地区依然是伙伴关系国总量最多的地区，也是关

---

① 如前文所述，中国率先与巴基斯坦等13个周边国家建立了双边命运共同体，中国也率先提出了亚洲命运共同体和周边命运共同体倡议，充分体现了其在中国外交布局中的战略地位和作用。

系国比例最高的区域,但是其在全球关系总量中的占比,与2013年之前相比有明显下降。这期间变化最为明显的是非洲地区和大洋洲地区,非洲地区的关系国总数从5个增加到30个,全球占比也由9.6%上升到24.6%。虽然大洋洲地区关系国总量在五大区域内最少,但是其所占比例却从2013年之前的约2%提升到2023年的9%,提高了7个百分点。不同区域关系国数量和比例的变化表明,近些年中国伙伴关系的区域分布差距在不断缩小(主要是从伙伴关系国数量的维度进行考察),伙伴关系的空间结构呈现均衡演变的趋势,伙伴关系在全球层面的结构均质性进一步凸显。

2. 结构变迁具有连续性与非连续性特点

1993年,中国与巴西建立第一对伙伴关系以来,伙伴关系作为中国外交的一项重要战略,一直延续至今。尤其是2013年以来,伙伴关系外交得到了进一步加强和升华,党的十九大报告更是把发展伙伴关系外交作为建构新型国际关系的重要路径和实践形式,再次赋予伙伴关系外交新的历史使命。从历史发展的角度审视,中国的伙伴关系外交具有明显的持续性。但是从实践过程来看,中国的伙伴关系又存在一定的阶段性和非连续性。从伙伴关系国的年度总量变化可以发现,五个区域在1996年、1999年、2002年、2007年四个年度均没有新建伙伴关系国出现,即在这四个时间节点上中国的伙伴关系发展出现了中断。从某种程度上可以说,中国的伙伴关系外交是连续性与非连续性的统一。但是分析2013—2023年的伙伴关系国数量变化,可以发现,10年间,在全球范围内,伙伴关系国的年度增量未停止过,即关系国连续增加的过程未中断过。再从2013年向前回溯到2007年,这期间的伙伴关系国增加过程也未曾中断,这两个阶段的关系国变化只是存在增长幅度的差异,增长过程一直持续。这表明,从全球层面来看,近10年来中国伙伴关系发展的连贯性不断增强,中国伙伴关系数量增加的趋势不断增强。

3. 区域分布具有点面性和复合性特点

30年的伙伴关系实践结果表明,中国的伙伴关系分布表现出较强的点面性和复合性特征,这种特点不仅体现在全球层面,也体现在区域层面。2013年以来,伙伴关系结构的这种空间特征呈现出了一定的加强趋势。

从全球层面来看,在五大区域范围内,亚洲地区一直都是中国伙伴关系外交发展的基础,也是中国伙伴关系外交发展最为成熟的区域。从某种程度上说,亚洲地区是中国伙伴关系外交的核心区,具有示范、引领其他区域发展的价值和意义。从亚洲地区的伙伴关系国数量以及伙伴关系层次都可以看出亚洲地区伙伴关系的特殊性和突出性。因此可以说,亚洲地区是中国伙伴关系外交在全球范围内的一个典范,如果把中国伙伴关系的全球发展看作一个面,那么亚洲地区则是这个面上的一点,这一点具有带动整个面的作用和功能。新的历史时期,亚洲地区的示范和基础作用依然没有减弱,甚至得到了进一步的加强。[①]但是除了亚洲之外,非洲地区已逐步发展成为中国伙伴关系外交在全

---

① 从2013—2017年亚洲地区的新建伙伴关系国数量变化和伙伴关系层次变化可以看出,中国在亚洲地区的伙伴关系发展依旧领先于其他区域。5年间,亚洲地区新增了14对伙伴关系,居于五大区域之首。2015年,中国和巴基斯坦建立了第一对全天候战略合作伙伴关系,成为中国伙伴关系建构中的新典范和风向标。另外,截至2017年底,亚洲地区的战略合作级伙伴关系数量为13对,居于五大区域之首。这充分表明,经过5年的发展,亚洲地区在中国伙伴关系外交布局中的地位得到了进一步加强和巩固。中巴全天候战略伙伴关系的建立可参见《中华人民共和国和巴基斯坦伊斯兰共和国关于建立全天候战略合作伙伴关系的联合声明》,《人民日报》2015年4月21日。

伙伴关系：中国与世界

球范围内的另一个重要的支点。2013年以来，非洲地区新增伙伴关系国19个，在全球范围内位居第二位。2016年中国分别与莫桑比克、塞拉利昂、塞内加尔三国建立了全面战略合作伙伴关系，①这是五年间新建伙伴关系中层级最高的三对。除此之外，2015年中国还与非盟建立了第一对集体性全面战略合作伙伴关系。②这是中国所有集体性伙伴关系中等级最高的，也是制度化、机制化程度最好的一对，中非全面战略合作伙伴关系也具有"伙伴关系+国家双边委员会"的双重加强模式。由此可以判定，非洲地区已经成为中国伙伴关系全球发展的新支点。从"一点"向"两点"的递进和跃升，充分表明新时期中国伙伴关系发展的新趋势和新成就，在亚非两大支点地区的引领和带动下，中国伙伴关系的全球发展速度和规模必将得到进一步的增强。

从区域层面来看，每一个地区的伙伴关系体系中都存在着一个关系水平高、双边互动强的伙伴关系国，其在本区域内发挥示范和引领作用，如亚洲地区的巴基斯坦、非洲地区的南非、拉美地区的巴西、欧洲地区的俄罗斯和大洋洲地区的新西兰等。它们都是各自区域内的代表国家。这是中国伙伴关系点面性特征在区域层面的体现，如果说每个区域的伙伴关系体系也是一个面，那么这些特殊的伙伴关系国就是这个面上最显著的点，点面结合，有区别地兼顾，既是中国伙伴关系外交实践的结果和反映，也是中国伙伴关系外交发展的经验积累和总结。从2013—2023年的伙伴关系实践来看，这些支点国家与中国建

---

① 三对伙伴关系建立可参阅外交部网站，https://www.fmprc.gov.cn/web/gjhdq_676201/gj_676203/fz_677316/。

② "集体性伙伴关系"是指中国与区域组织或国家集合体所建立的双边性伙伴关系，其相对应的是中国与单一国家所建立的单一性伙伴关系。集体性与单一性是根据伙伴关系对象国数量多少划分的，中国与非盟建立的全面战略伙伴关系可参见《中非合作论坛约翰内斯堡峰会宣言》，外交部网站，http://www.fmprc.gov.cn/web/gjhdq_676201/gjhdqzz_681964/zfhzlt_682902/zywj_682914/t1323144.shtml。

立的伙伴关系或者提升的伙伴关系层级大多是在这10年间确定的，比如中巴伙伴关系的升级发生在2015年；中澳在2013年建立战略伙伴关系，2014年提升为全面战略伙伴关系；南非和中国同为金砖国家，2013年以来，两国元首互动频繁，两国政府在2014年12月签署了《中华人民共和国和南非共和国5—10年合作战略规划2015—2024》，中南关系迈上新台阶。南非是中国对外政策的战略支点和优先方向，中南合作具有战略深度和全球意义。巴西是第一个与中国建立伙伴关系的国家，因此双方的伙伴关系历史最长。2014年习近平主席访巴期间，双边的全面战略伙伴关系又得到进一步深化。各大区域内的上述诸国在各自区域范围内都具有较强的典型性和凸显性，其对区域内其他国家以至于整个区域同中国的伙伴关系发展都具有积极的带动和推进功能。另外，在近5年的实践发展中，支点国家的示范和带动效应已经显现，比如，截至2023年底，战略合作级和战略级伙伴关系国总数在亚洲地区已达到33个，非洲地区20个，拉丁美洲地区14个，欧美地区19个，大洋洲地区11个。这说明中国伙伴关系的区域整体发展水平已经得到了较大提高。

因此，从伙伴关系在全球层面和区域层面的分布变化可以看出，中国伙伴关系发展的复合性和点面性不断增强。"点面结合"的发展特征是中伙伴关系结构的又一显著特点，如果伙伴关系的全球分布是一个网络，那么支点区域就是这张网上的支点；如果区域内的伙伴关系也是一个网络，那么支点国家也是这张网上的支点，支点国家和区域共同支撑起了中国伙伴关系的网络体系，也正是这种多重的区域分布构成了伙伴关系外交的一种复合结构。发挥支点国家、支点区域的示范和引领作用，构建多层次的全球伙伴关系网络，是中国伙伴关系外交未来发展的理性选择。

伙伴关系：中国与世界

  伙伴关系结构是中国伙伴关系实践发展表现出来的体系性特征，即从静态的角度来分析，中国伙伴关系是一个复杂的系统，其内在的结构性是影响和塑造伙伴关系体系变化的主要因素。无论是从伙伴关系层级的内在构成及演变来看，还是从伙伴关系空间布局的内在结构及其调整来看，中国伙伴关系体系始终都是在结构变动的推力不断调整和完善。

第七章

中国伙伴关系的进程理论

从中国伙伴关系实践的时间性来看,中国伙伴关系经历了一个不断发展变化的过程,无论是具体的伙伴关系还是整体的伙伴关系,在历史进程中都发生了变化。因此,中国伙伴关系发展具有显著的历时性特征,过程性是中国伙伴关系演变的根本属性,在大历史的视野下,任何状态或者形态的伙伴关系都是特定时空条件下中国与世界互动的一种特定方式,都不是恒久不变的。然而,关系进程的变动方向、变动程度以及存续与否是由诸多复杂的因素共同决定的,创造有利条件,推动关系积极、正向演变,是中国伙伴关系深化发展的必然要求。

伙伴关系：中国与世界

第一节 伙伴关系的单一过程性

所谓"过程性"是指伙伴关系不是一成不变的，而是不断变化的，伙伴关系是发展过程中的伙伴关系，伙伴关系存在于发展过程之中。具体来说，过程性是指伙伴关系存在着从无到有的变化、从一种伙伴状态到另一种伙伴状态的运动，同样也包含着从有到无的变化。总而言之，伙伴关系的过程性是指伙伴关系从一种存续状态向另一种存续状态的运动特点。分析和判断伙伴关系的过程性，需要首先确定若干具体的关系状态特征，即伙伴关系何时确立、何时升级、何时降级、何时倒退甚至消失。伙伴关系的过程性只有在对比中才能描述，只有明确了具体的关系状态，才能确立伙伴关系何时以及是否发生了何种改变或运动。中国伙伴关系的过程性特点主要体现在单一伙伴关系的发展变化中，贯穿于单一伙伴关系的全过程，也贯穿于单一伙伴关系的生命全周期。

1. 伙伴关系的确立

关系确立是伙伴关系的起点，也是伙伴关系发展的出发点。顾名思义，确立伙伴关系就是指中国与另一国或者国家组织建立伙伴关系。从根本上说，这种关系定位的确立通常是符号性或者表征性的意义大于实践性的或者行动性的价值，关系确立之始主要搭建了关系框架，关系的实体内容尚未完全展开。但是，从国家间关系互动的根本性特点来看，关系确立的宣示行为本身也是关系发展的主要内容，因此，中国与其他国家或国家组织伙伴关系的确立也表明了彼此关系的改善和推进。此外，伙伴关系的确立需要一定的条件，并非所有良性的国家间关系都发展成为伙伴关系，也不是所有的伙伴关系都是良性互动的国家间关系。伙伴关系是在一系列特定的条件约束下建立起来的，当然，其维系和发展也同样需要诸多特殊的条件来支撑。中国倡导在对话而不对抗、结伴而不结盟的原则基础上同所有国家发展伙伴关系，强调求同存异、聚同化异。目前中国与世界上100多个国家确立了伙伴关系。

中国伙伴关系确立的方式是多样的。

最通常方式是双方或者多方签订有关共同文件，如联合宣言、联合声明、联合公报、联合新闻公报等，这是中国伙伴关系确立的最常用方式，也是最正式的确立方式。伙伴关系联合文件存在两种不同的情形：一是在联合文件题目里直接标明伙伴关系的字样，这种伙伴关系可称为显性伙伴关系。如2012年中国与阿联酋签署《中华人民共和国和阿拉伯联合酋长国关于建立战略伙伴关系的联合声明》，两国伙伴关系确立。这种文件形式确立的伙伴关系是中国伙伴关系中数量最多的一种。另外一种是文件标题中未出现伙伴关系字样，但在文件正文中出现了，通常情况下会出现"双方或各方一致同意建立……伙伴关系"，这种形式的伙伴关系可称为隐性伙伴关系。2014年中国国家元首出访马尔代夫，两国签署《中华人民共和国和马尔代夫共和国联合新闻公报》，"双方一致同意建立中马面向未来的全面友好合作伙伴关系"，中马伙伴关系确立。通过分析中国伙伴关系发展实践可知，这两种形式的确立文件在伙伴关系发展历史中存在的情况是不同的，2013年以来的大部分伙伴关系文件确立的都是显性伙伴关系，隐性伙伴关系大多出现在2013年之前的伙伴关系确立文件中。这表明，从伙伴关系确立文件的单一维度来看，中国伙伴关系发展也经历了一种不断变化的

伙伴关系：中国与世界

过程。

在确立伙伴关系的联合文件中，联合声明和联合公报数量最多，在全部的伙伴关系确立文件中，两者占比超过了90%。从确立文件自身的重要性和权威性来看，一般情况下联合宣言比联合声明和联合公报更为正式和权威，更受到各方重视。一般性的伙伴关系确立文件较少用"联合宣言"，在中国的伙伴关系确立文件中，以联合宣言命名的伙伴关系数量也相对较少。中国只同部分国家签订了伙伴关系联合宣言，如2013年9月中国与吉尔吉斯斯坦签署《中华人民共和国和吉尔吉斯共和国关于建立战略伙伴关系的联合宣言》时，两国确立了较高水平的伙伴关系。联合宣言在某种意义上凸显了伙伴关系的特殊性。因此，在所有形式的伙伴关系确立文件中，联合声明数量最多，联合公报次之，联合宣言、联合新闻公报最少，但是联合宣言最重要、最权威，其次是联合声明、联合公报等。

伙伴关系的确立没有正式的联合文件宣示，而是通过国家元首的互动活动或者讲话、演讲来确认，或者是本身存在确认文件只是目前尚未公开。这一类伙伴关系大多出现在中国与特定国家间所建立的双边性伙伴关系中，或者中国领导人与多个国家集体会晤时所确立的伙伴关系中。这类伙伴关系的数量不是很多，但也是中国伙伴关系体系的重要组成部分。比如，从中国外交部网站可知，中国与韩国在1998年建立面向21世纪的合作伙伴关系，但目前尚未查阅到正式确立文件。2016年12月7日中国国家元首同加蓬总统举行会谈，两国元首决定建立中加全面合作伙伴关系，目前尚未查阅到正式确立文件。2014年11月中国国家元首在斐济同部分太平洋岛国举行集体会晤，与多国分别建立了相互尊重、共同发展的双边性战略伙伴关系，实现了中国伙伴关系确立方式的新突破。这一类伙伴关系的确立方式并不是中国伙伴关系确立的主体部分，但却是中国伙伴关系实践发展的新探索和新开拓，丰富了中国伙伴关系的实践。

另外，在中国伙伴关系的确立过程中，还存在一种特殊的伙伴关系形式，即"非伙伴关系"的伙伴关系，也就是说关系定位并非以"伙伴关系"命名，但是关系内容却以伙伴关系开展。其中，最典型的是中菲伙伴关系，1996年中国国家元首对菲进行国事访问，两国领导人同意建立中菲面向21世纪的睦邻互信合作关系。2005年中国领导人访问菲律宾，两国发表联合声明，"一致认为中菲关系已经进入伙伴关系的黄金时期"，决定建立"致力于和平与发展的战略性合作关系"。从两国的联合声明可以看出，无论是1996年的睦邻互信合作关系，还是2005年的战略性合作关系，都属于伙伴关系的范畴，都是特殊形式的伙伴关系。这种以"非伙伴关系"形式呈现的特殊伙伴关系受到特定的历史条件影响。20世纪90年代晚期，中国政府认为伙伴关系是一种合作关系，中国与其他国家确立的各种形式的合作关系也是伙伴关系，因此，合作关系成为中国与部分国家确立伙伴关系的一种特殊形式。随着中国伙伴关系理论和实践的不断深化和完善，合作关系在中国伙伴关系发展过程中逐渐淡化，但是，由于受到特殊因素的制约和影响，中国目前依然与部分国家保持着这种特殊形式的伙伴关系，比如中菲全面战略合作关系，中国-土耳其战略合作关系等。

此外，领导人互动是影响伙伴关系确立的重要条件。在中国的伙伴关系实践中，几乎所有伙伴关系的确立都与领导人互动有关。领导人互动既是中国伙伴关系的重要内容，也是中国伙伴关系确立的重要条件。国家领导人包含多种不同级别，从中国伙伴关系发展历程来看，与中国伙伴关系确立关系密切的国家领导人主要是国家主席、国务院总理和国家副主席。其中，由国家主席和国务院总理推动确立的

伙伴关系：中国与世界

伙伴关系数量最多，也是主体。截至目前，由中国国家副主席互动确立的伙伴关系只有两个：一是2005年1月26日中国国家副主席访问秘鲁，两国建立全面合作伙伴关系；二是2010年11月19日访问安哥拉，两国签署《中华人民共和国和安哥拉共和国关于建立战略伙伴关系的联合声明》，两国确立伙伴关系。整体来看，中国伙伴关系确立和发展与元首外交关系密切，无论是中国领导人出访，还是外国领导人来访，高层互动都是确立伙伴关系的重要条件，都是伙伴关系发展的重要推动力。

2. 伙伴关系的升级

伙伴关系升级是指关系从较低层级运动到较高层级，伙伴关系层级的高低是根据伙伴关系定位来区分的。根据中国伙伴关系的定位分类和结构来看，中国伙伴关系层级从高到低，主体可分为战略合作性伙伴关系、战略性伙伴关系与合作性伙伴关系三大类九小类。①

整体来看，伙伴关系的关系升级可分为多种情况。第一是序列内变动与序列间变动。伙伴关系不仅可以在同一序列内的不同定位之间变化，而且也可以从一个序列跨越到另一个序列，如合作伙伴关系变为全面合作伙伴关系就是序列内变化，从合作伙伴关系变为战略伙伴关系则是序列间变动。第二是跨越式变动和渐进性变动。跨越式变动是指伙伴关系从一种定位变成另一种定位时，并不是逐步变化的，而是跳跃式变化的。跨越式变动既可以是同一级别内部的跨越变化，比如由合作伙伴关系变成全方位合作伙伴关系，也可以是跨级别的变动，

---

① 主要是因为一般性伙伴关系主要出现在早期，且关系存续的时间以及关系的整体规模都相对有限，且早期的关系定位尚不清晰，故而暂不涉及这一部分内容。另外，命运共同体是伙伴关系发展的最新形态和模式，也是伙伴关系推动和支撑的主要目标，虽然当前中国已与部分国家确立了命运共同体的关系共识，但尚处于起始阶段，在此也暂不涉及。

如中国与刚果民主共和国的伙伴关系实现了从战略伙伴关系向全面战略合作伙伴关系的跨越式变化。渐进性变动是指从一种定位逐次递变到另一种定位,如从战略伙伴关系升级为全面战略伙伴关系。第三是突破性变动和累积性变动。如实质性升级和累积性升级,从战略伙伴关系升级为全面战略伙伴关系就可称为突破性和实质性变动,从战略伙伴关系到"加强/深化战略伙伴关系"则是累积性变动。第四是积极性变动和消极性变动。这是从关系定位变动的方向来划分的。积极性变动是指关系定位的变化是上升性的、前进性的,而消极性变动则是下降式的、倒退性的。中国的伙伴关系并非全部都是上升性的,比如中美伙伴关系,两国在20世纪90年代确立了建设性战略伙伴关系,关系定位层级较高,但到了21世纪20年代,中美关系已远非战略伙伴关系,甚至不再是伙伴关系,这种形式的关系定位变化则可称为消极性变动。第五是活性变动和惰性变动。这是从关系定位变动的频率来区分的,如在相同的时间区间内,有的关系变动多次,有的关系则多年未曾变动一次,变动频率较大的关系则可称为活性伙伴关系,比如中俄伙伴关系;变动频率较小的关系可称为惰性伙伴关系,如中国–巴西战略伙伴关系,曾十余年未变化。

除了上述关系定位的变化之外,伙伴关系的升级还体现在具体的合作内容或合作机制方面。从本质上看,合作机制的建立、合作项目的开展以及合作文件的签订等更能体现伙伴关系的实质性变化,关系定位的变动是由关系内容的累积所引发的,与此同时,关系定位的升级将会推动关系内容的加强和丰富,关系定位的升级需要关系内容的支撑,而关系内容的增强和丰富也需要关系定位的牵引和指导。因此,关系定位的变动与关系内容的变动是伙伴关系变动的一体两面,关系定位升级离不开关系内容的支撑,关系内容的丰富和深化离不开关系定位的指引。然而，现实的伙伴关系实践表明，关系定位变动与关系内容变动之间并非必然同步，两者之间的互动是一个复杂的过程。但是，无论是定位升级还是内容升级都是伙伴关系升级的具体表现，都是中国伙伴关系发展过程的重要组成部分。

另外，分析伙伴关系升级，还需要明确一些基本问题。首先，伙伴关系的层级是一种相对的、比较的概念，并非绝对的、固化的。不同层级的伙伴关系之间区分并非完全明晰，彼此之间的对比更多的是一种比较意义上的分析。其次，关系层级是根据关系内容、性质以及关系行为体的重视程度等多重因素来确定的，而且这些因素在不同的时空条件下有可能具有不同的特点。因此，随着关系实践的不断演变，伙伴关系的名存实亡或者名不副实现象时有发生，较高层级的伙伴关系并不意味着其合作内容必然多于较低层级、合作关系必然优于较低层级。一般来说，伙伴关系层级的纵向对比要比横向比较更具为客观、真实。最后，关系升级是一个复杂的过程，伙伴关系升级的指标确立也是一个复杂的问题，层级变动虽然是衡量升级与否的关键要素，但并非唯一要素，而且国家间互动关系的变迁从来都不是线性的，是受复杂因素作用和影响的复杂系统。因此，在研究伙伴关系升级变化时，须辩证视之。

3. 伙伴关系的消亡

过程性是中国伙伴关系的基本属性，从历史发展的长时段来看，伙伴关系作为中国与世界互动的一种方式和模式，将在发展的过程中走向新的阶段和状态。伙伴关系的消亡是一个相对概念，存在两种不同的运动方向：一种是从已有的伙伴关系状态退变成其他关系状态，另外一种是从已有的伙伴关系状态上升到其他关系状态。两种不同的运动方向，两个截然不同的变迁过程，结果都是伙伴关系变成了其他关系。

在中国的伙伴关系实践中，退变性的关系比较少见，其中比较具有代表性的是中美关系和中日关系，在双边关系的历史上，中国与两国都曾经建立过不同形式的伙伴关系，但是从当前的关系现状来看，中国与两国之间已不再存有伙伴关系，无论是从彼此的关系定位来看，还是从双方的关系内容来看，中国与两国之间都不再具有伙伴关系的互动方式和互识结构。伙伴关系退变不仅受到关系行为体结构的影响和制约，而且受到关系以外的条件影响，伙伴关系演变方向的把握需要关系行为体共同的意愿和行为。

在中国的伙伴关系实践中，上升性的关系在不断增加，这是中国伙伴关系当前发展的最大创新和突破。即从伙伴关系突变到命运共同体关系，这是新时期中国伙伴关系发展的最新阶段。目前中国与巴基斯坦、老挝、柬埔寨等国家分别建立双边性命运共同体关系。经过数十年的发展演变，中国伙伴关系理念和实践都已经发展到了一个新的阶段，在继续拓展和深化的基础上，探索新的突破和跃升是中国伙伴关系发展的必然逻辑。从伙伴关系向命运共同体关系的上升是一个过程，这是一个转型和重构的过程，在这个过程中存在着伙伴关系与命运共同体关系的叠加，也存在着伙伴关系向命运共同体关系的爬升，命运共同体关系是对伙伴关系的继承和发展，是伙伴关系在新的形态下的继续和前进。

因此，从伙伴关系的生命周期来看，消亡或者转变是伙伴关系运动的必然，把握方向，推动中国伙伴关系实践不断向命运共同体的方向运动，是中国伙伴关系未来发展的战略选择。

第二节 伙伴关系的整体阶段性

从1993年确立第一个伙伴关系开始，中国伙伴关系经历了近30年的发展历史。中国伙伴关系整体进程的阶段性可分为三个阶段，[①]这基本上反映了中国伙伴关系发展的一般规律。但是从伙伴关系定位变迁的角度来看，中国伙伴关系基本可分为两个大的发展过程：一是新型伙伴关系阶段（1993—2012年），是确立和巩固中国新型伙伴关系的阶段；二是伙伴关系网络阶段（2013年至今），是构建全球伙伴关系网络、发展中国特色伙伴关系的阶段。两个不同的发展过程分别代表了中国伙伴关系发展的两个不同时代和图景。

1. 新型伙伴关系时代（1993—2012年）

从1993年至2012年的20年是中国伙伴关系从被动接受到主动构建、从引入改造到内化创新的时代。这段时期完成了中国伙伴关系与世界其他国家伙伴关系区分的历史任务，基本构建和明确了中国伙伴关系发展的基本内涵和理念，基本建立和巩固了中国伙伴关系实践体系的基本盘。这段时期，从中国伙伴关系群体的规模来看，大体可分为两个小的阶段，分别是伙伴与伙伴群阶段。

（1）伙伴阶段（1993—2002年）

伙伴阶段主要是指中国伙伴关系零散发展，尚未形成一定规模效

[①] 大部分的研究根据发展程度把中国伙伴关系分为初创（1993—2002年）、深化（2003—2012年）、全面发展（2013年至今）三个阶段。

应，伙伴关系整体数量不多，增长幅度也不大，甚至出现一定程度的中断。这10年间，中国共与17个国家建立了伙伴关系，其中有12个伙伴关系国散布在周边地区以及欧美地区。在此期间，在所有的伙伴关系国中，1个国家的伙伴关系实现了升级，1个国家伙伴关系出现了降级。[①]整体而言，这段时期的中国伙伴关系实践刚刚起步，相对比较谨慎，伙伴关系国选择也比较慎重，发展水平不高，发展速度不快，发展规模也不大，处于点状分布状态，这是该阶段中国伙伴关系的总体特征。

伙伴关系发展的第一个10年是中国"新型伙伴关系"确立的10年。中国政府认为，中国伙伴关系的基本特征是平等互利、相互尊重；发展友好、互不对抗；不针对、不损害第三国，是一种新型的国家关系。[②]新型的中国伙伴关系在内涵特征上是与美国不同的。另外，从中国建立的伙伴关系定位表述来看，中国伙伴关系的新特点也非常明显，这中间有一些比较特殊的情况，根据《人民日报》的解释，中国同其他国家建立的面向21世纪的正常的友好的合作关系，"也可以说是一种伙伴关系"，如中菲建立的面向21世纪的睦邻互信合作关系，中国与埃及建立的面向21世纪的战略合作关系（1999年），中老建立的长期稳定、睦邻友好、彼此信赖的全面合作关系（2000年），这一类合作关系也是中国伙伴关系中一类特殊形式的伙伴关系，在关系定位中未出现"伙伴关系"字样，但双方都认可是伙伴关系，这也是中国伙伴关系的一种新形式。

另外，中国伙伴关系的"新型"还体现在各式各样的定位修饰，

---

① 中俄关系由"面向21世纪的建设性伙伴关系"（1994年）升级为"面向21世纪的战略协作伙伴关系"（1996年），中美关系由"建设性战略伙伴关系"（1996年）降级为"建设性合作关系"（2001年）。

② 《何谓"伙伴关系"》，《人民日报》1998年4月16日。

伙伴关系：中国与世界

这种表述一方面凸显了伙伴关系的特殊性，另一方面也凸显了与美国伙伴关系的差异性。例如，中俄建立了平等互信、面向21世纪的战略协作伙伴关系（1996年），中印建立了面向21世纪的建设性合作伙伴关系（1996年），中国与巴基斯坦建立了面向21世纪的全面合作伙伴关系（1996年），中国和尼泊尔建立了面向21世纪的世代友好的睦邻伙伴关系（1996年），中美建立建设性战略伙伴关系（1997年），中加建立面向21世纪的全面合作伙伴关系（1997年），中国与墨西哥建立跨世纪的全面合作伙伴关系（1997年），中韩建立面向21世纪的合作伙伴关系（1998年），中日建立致力于和平与发展的友好合作伙伴关系（1998年），中国和土耳其建立更加密切的伙伴关系（2000年），中国和委内瑞拉建立共同发展的战略伙伴关系（2001年），等等。各种伙伴关系定位的特殊表达不仅是中国伙伴关系发展"新路"的体现，也是中国伙伴关系实践的探索性创新。

20世纪90年代开始建立伙伴关系时，中国经历了一个从被动向主动、从谨慎向积极转变的过程。20世纪90年代初，美国等西方国家挑起了对华制裁，中外关系处于一定的紧张状态之中，当时中国的外交政策是在不结盟的原则下发展国家间的友好合作关系，而美国则是在全球范围内大力推广"美式"的伙伴关系外交。因此，中国对于发展伙伴关系比较谨慎，巴西和俄罗斯向中国提出的发展双边伙伴关系诉求当时并未得到中国的积极回应。[①]后来经过中俄的双边沟通和磋商下，中国在俄罗斯提议的"不损害第三国利益"的中俄伙伴关系与先前确立的"不结盟、不对抗、不针对第三国"的中苏、中俄睦邻友好关系间找到了关系内涵的一致性和政策本质的一致性，于是接受了俄罗斯

---

① 参见任远喆《构建全球伙伴关系网络：历史发展与现实路径》，经济科学出版社2020年版，第84—91页。

的伙伴关系提议，开启了中国伙伴关系发展的大门。在解决了伙伴关系与中国外交政策的理念契合问题之后，中国伙伴关系进入一个较快发展阶段，经过三年的时间（1993—1996年）完成了从被动应对到主动构建的认知转变和行为转变。简而言之，伙伴关系在中国的初期发展经历了"负面评价—不予置评—赞赏接受—赋予内涵—广泛推广"的过程。

从某种意义上说，是20世纪90年代中国与世界的互动关系催生并推动了中国的伙伴关系，是中国与世界的互动为中国的伙伴关系发展提供了系统性动力。冷战的结束带来了国际格局的再一次剧烈变动和深刻调整，西方社会对华的整体制裁给中国的外交环境带来了严重的冲击和挑战，国际体系变迁与中国外交孤立交织叠加，中国与世界的互动环境和互动进程都面临着极大的压力。为了打破中国的外交困局，改善中国的外部环境，积极参与构建国际新秩序，推动以多极化为特点的国际新格局演变进程，中国创造性地选择了一条与世界互动的新路——伙伴关系。之所以说是创造性，是因为中国的伙伴关系已不再是美国所推广的伙伴关系，中国伙伴关系以凸显"不结盟"原则为特点；之所以说是"新路"，是因为伙伴关系是中国与世界互动的新的关系模式，是中国探索出来的新型的国家关系，是一种不针对第三方的、既非结盟也非对抗的合作关系，是对冷战时期结盟性的对抗关系的否定。选择接受伙伴关系，但并不接受美国式的以同盟关系为基础的伙伴关系，这是中国伙伴关系独立自主性的体现，也是中国与世界互动过程独立自主性的体现。总之，中国与世界互动进程的演变、互动格局的调整为中国伙伴关系的发展提供了动力，而中国伙伴关系又不断为推动中国与世界互动创造了条件，两者相互影响，相互促进。

伙伴关系：中国与世界

（2）伙伴群阶段（2003—2012年）

经过了前一阶段的探索和发展，21世纪以后，中国的伙伴关系迎来了一个较快的发展时期。在这一时期，中国伙伴关系的数量实现了规模性突破，到2012年底，中国的伙伴关系国数量达到了50多个，数十对伙伴关系水平都得到了提升，伙伴关系在世界各主要区域的分布已日益完善，伙伴关系由最初的点状式分布向集群式分布转型，在多个区域出现了不同形式和规模的中国"伙伴群"，中国伙伴关系实践进一步深化，伙伴关系分布进一步扩展。

一是周边伙伴群，在这一时期，中国同蒙古国（2003年）、乌兹别克斯坦（2004年）、哈萨克斯坦（2005年）、孟加拉国（2005年）、印度尼西亚（2005年）、柬埔寨（2006年）、缅甸（2011年）、泰国（2012年）等周边国家分别建立了伙伴关系，截至2012年末，绝大部分周边国家都同中国建立了伙伴关系，在中国周边出现了一个规模显著的"伙伴群"。二是欧洲伙伴群，这一时期，在中美关系的推动下，中国与西方国家的整体关系进入了调整期，中欧关系的改善带来了中国在欧伙伴关系国数量的规模化增长。德国（2004年）、意大利（2004年）、匈牙利（2004年）、西班牙（2005年）、葡萄牙（2005年）、希腊（2006年）、丹麦（2008年）、塞尔维亚（2009年）、爱尔兰（2012年）等十多个国家同中国确立伙伴关系，约占欧洲国家总数的1/3，中欧伙伴关系的基础大多是在这一时期打下的。

规模化增长是中国伙伴关系实践发展的一个新阶段，也是一个新特点。如果说第一阶段的伙伴关系发展是"布点"，那么这一时段的伙伴关系就是"组群"，为下一阶段的伙伴关系"织网"奠定了基础。

2. 中国特色伙伴关系新时代（2013—2023年）

从2013年伙伴关系的实践来看，中国伙伴关系发展出现了明显的转变。2013年内中国伙伴关系增量达到16个，创历史之最；2013年至今的新增伙伴关系总量比前20年伙伴关系数量总和还多，升级伙伴关系总量更是前20年总量的数倍；中国在全球范围内的伙伴关系分布更趋均衡、更具网性。这充分表明，2013年以降，中国伙伴关系迎来了一个全新的发展阶段，中国伙伴关系发展进入一个新时代，构建全球伙伴关系网络成为中国外交的一个特色，伙伴关系实践的"中国特色"更加凸显。

2014年11月的中央外事工作会议提出，要在坚持不结盟原则的前提下广交朋友，形成遍布全球的伙伴关系网络。不结盟原则作为中国伙伴关系一开始就已确立的基本原则依然坚持不变，与此同时要构建"遍布全球的伙伴关系网络"。网络化是中国伙伴关系未来发展的基本目标，构建全球伙伴关系网络成为中国外交发展的新理念，"结伴而不结盟"成为新时代中国伙伴关系发展的"新路"，"不结盟"是对数十年发展原则的坚守和延续，"结伴"是在新的环境条件下中国伙伴关系的新原则。构建伙伴关系网、"结伴不结盟"是对中国不结盟政策所做的一次重要调整，既坚持了不结盟的原则，又根据形势需要，注重提高伙伴关系的质与量，是"不结盟、不对抗、不针对第三方"政策的新发展。①中国伙伴关系理念由最初的"不结盟、不对抗、不针对第三国"转变成"结伴而不结盟"，实现了中国伙伴关系发展转型中的思想转型。

2013年以来，中国伙伴关系发展实现了实践和理念的"双转型"，

---

① 孙茹：《构建伙伴关系网：中国不结盟政策的升级版》，《世界知识》2015年第6期。

伙伴关系：中国与世界

而且从关系规模上看，中国伙伴关系实现了从"伙伴群"向"伙伴网"的深度转变，中国伙伴关系的发展过程进入了一个更具中国特色的新时代。新时期伙伴关系的蓬勃发展，既是前期伙伴关系发展积累跃升的结果，也是新时代中国伙伴关系创新、快速发展的结果，既有量变也有质变。新时期建立伙伴关系的频度更高，水平更高，范围更广，形式更多样，中国特色伙伴关系逐渐成为中国伙伴关系发展的总特征，形成了范围广、质量高的全球伙伴关系网络，中国伙伴关系逐渐进入"伙伴网"时代。

（1）伙伴关系空间分布网络化特征更加凸显。与2013年之前相比较，2023年底中国的伙伴关系已经遍布各大洲，不仅在全球层面的关系国密度在增加，而且在区域或者次区域范围内的关系国密度也在增加。

（2）伙伴关系层级分布网络化特征更加凸显。在伙伴关系定位体系中，高层级的伙伴关系数量实现大幅度增长，一方面，"初值"[①]是高层级伙伴关系的数量明显增加，新建伙伴关系的起点相对较高。10年间，新建伙伴关系70个，其中战略层级以上的伙伴关系有50个，占比高达71.4%。另一方面，现状是高层级伙伴关系的比例也大幅上升，这方面包含两种情况：一是关系升级的结果，即关系层级在10年间实现了跨越式上升；二是关系"初值"本身就是高层级，无论是从关系总量还是从增量看，新时代10年的高层及伙伴关系整体规模实现质的改变。

（3）伙伴关系叠加趋势更加凸显。关系叠加主要是指多个不同范畴的伙伴关系相互重叠，即一个关系行为体出现在多个伙伴关系框架内。最突出的关系叠加现象是双边性伙伴关系与多边形伙伴关系叠加，

---

① "初值"是指伙伴关系建立时的关系层级情况，也是伙伴关系的起点。

即与中国建立了伙伴关系的国家同时出现在了中国参与的区域性、次区域性或跨区域性、全球性、议题性等多种多边性伙伴关系中。随着中国伙伴关系布局的不断拓展和深化,中国的伙伴关系国数量在增加,中国参与的多边性伙伴关系数量也在增加,关系叠加趋势不断加强。如中马伙伴关系与中国－东盟伙伴关系的叠加,中老伙伴关系与中国－东盟伙伴关系以及澜湄合作伙伴关系的叠加等。关系叠加可能是双重叠加,也可能是多重叠加。

关系叠加对于伙伴关系发展具有一定的促进作用,即关系叠加效应。伙伴关系交织互动的程度越高、频度越强,关系行为体之间的交流互动就会越频繁,利益互构与互识就会越强烈,行为体之间的关系黏性就会越大,进而有利于推动关系改善和发展。但正如前文所分析,叠加的关系之间并不必然存在相互促进的内在动力,或者说多边性伙伴关系的建立或升级并不一定必然导致双边性伙伴关系的改善,反之亦然。两者或多者叠加的效应却是真实存在的。当前,中国已与东盟、欧盟、非盟、阿盟、拉共体等主要的区域性组织都建立了层级不等的伙伴关系,且与组织框架下的主要成员国实现了双边伙伴关系的全覆盖。与此同时,中国一方面积极参与和推动现有多边性伙伴关系机制,改善与成员国关系,扩大影响力;另一方面主动牵引建构新型多边机制,如通过全球发展倡议、全球安全倡议、全球文明倡议等新框架、新机制搭建全球性伙伴关系平台,推动中国伙伴关系理论和实践不断创新和突破。

(4)伙伴关系聚合效应更加凸显。经过30年的发展,伙伴关系已成为中国与世界互动的主要范式和模式,更加凸显出中国外交的"中国特色",是提升中国国际影响力、拓展中国外交国际空间、建构中国与世界新关系的重要载体。尤其是近10年的发展,中国的伙伴关系数量实现了跨越式增长，伙伴关系质量实现质变式提升，伙伴关系的规模效应更加明显。

一方面，在伙伴关系的框架下，中国加强了与其他国家的政治、经济、外交、文化、安全等多领域的合作，中国与大多数伙伴关系国的关系都实现了显著提升。截至2023年底，中国同周边8个伙伴关系国家签署了睦邻友好合作条约，中国是周边15个伙伴关系国的最大贸易伙伴。①另一方面，通过不断拓展和深化各种形式的伙伴关系，中国与世界的互动进程得以改善，中国在国际社会的影响力得以提升。其一，通过伙伴关系的不断发展，中国在联合国等多边机制获得了越来越多的支持，对国际事务的话语权得到加强。其二，通过参与或主导议题性伙伴关系机制，不断推动全球治理进程。如中国不仅积极加入而且率先批准《区域全面经济伙伴关系协定》，推动协定生效实施，促进了区域经济一体化进程。

第三节　中国伙伴关系进程的影响因素

伙伴关系的进程是动态的，即伙伴关系是在不断运动和变化的，这是中国伙伴关系发展的一般性规律。伙伴关系的变化是多重因素共同作用的结果，伙伴关系过程是多重因素共同塑造的。

---

① 同中国签署睦邻友好合作条约的8个伙伴关系国分别为阿富汗、巴基斯坦、俄罗斯、哈萨克斯坦、蒙古国、塔吉克斯坦、土库曼斯坦、乌兹别克斯坦；中国是其最大贸易伙伴的周边15个伙伴关系国为巴基斯坦、俄罗斯、韩国、吉尔吉斯斯坦、柬埔寨、马来西亚、蒙古国、孟加拉国、缅甸、泰国、土库曼斯坦、乌兹别克斯坦、新加坡、印度尼西亚、越南。

1. 伙伴关系变化是行为体互动的结果

伙伴关系与国家行为是塑造与被塑造的关系。伙伴关系一旦建立，必将对伙伴关系的相关方行为构成一定的影响。与此同时，伙伴关系行为体的行为也会对伙伴关系的存续发展产生影响，即在伙伴关系框架内，行为体的互动行为要么强化或者促进伙伴关系发展，要么削弱或迟滞伙伴关系升级。因此，从根本上说，影响伙伴关系演变过程的主要因素是行为体行为，包括伙伴关系行为体和非伙伴关系行为体即第三方因素。其中，伙伴关系行为体的互动是改变关系进程的第一动力，也是根本动力，决定着关系进程变化的方向、速度、幅度等。

第三方与关系行为体的互动也是影响关系进程的重要因素。第三方因素通过关系行为体对伙伴关系进程施加影响，第三方往往通过影响关系行为体的决策过程进而影响行为体的行为，直接干预伙伴关系进程的情况相对较少，如美国通过影响韩国的对华政策决策进而影响中韩伙伴关系的演变进程。第三方因素对伙伴关系的影响通常是间接的，但却是不容忽视的，有时发挥着关键性的作用。

2. 伙伴关系变化受国际、国内双重因素影响

伙伴关系受到国际形势变化影响。如果说伙伴关系是一个开放的系统，那么这个系统时刻保持着与外部环境的互动和联系，通过不断交流而相互影响，因此国际环境对伙伴关系发展的影响是客观存在的。世界格局的变革和调整深刻影响着每一个国家的对外决策和行为，每一个国家都会根据自身的国家利益调整或改变外交关系。维护和创造和平稳定的国际与地区形势，是中国对世界和平与发展作出的积极承诺，也是中国推动伙伴关系发展的重要条件。

伙伴关系：中国与世界

伙伴关系受国内政治变化影响。从关系实践的层面来看，国内政治是影响伙伴关系变化最为显性的因素，尤其受到选举政治的极大制约。在以选举政治为主的民族国家中，国家的对外政策受到国家领导人的极大影响。通常情况下，政见相左的两个领导人都会采取两种不同的外交政策，对外行为存在着较大的不稳定性和不确定性。有学者认为，中美关系的恰当标签应是"共同进化"，而不是"伙伴关系"。①在20世纪90年代克林顿任美国总统期间，中美建立了建设性战略伙伴关系，但是小布什上任后，中美关系出现了新的变化，虽然这种变化是多重因素共同作用的结果，但是与美国国内政治的变化密不可分。中日伙伴关系、中印伙伴关系的变化都带有明显的国内政治色彩。

3. 伙伴关系进程与结构相互影响

从根本上看，作为一个国家间互动模式，伙伴关系从来都不是一成不变的，或者说，变化才是伙伴关系最本质的特点，发展演变才是伙伴关系最根本的状态。伙伴关系是永恒的过程性与相对的结构性的统一。结构是过程演变的结果，也是过程发展的规制因素；而过程则是从一种结构向另一种结构转变的经过和动力。从历史发展的长时段来看，伙伴关系永远处在从一种结构向另一种结构转变的路上，每一种转变都是过程性发展从量变到质变的历史性突破。因此，必须用发展的、运动的思维分析中国伙伴关系的存续发展。

伙伴关系的变动性并不意味着否定伙伴关系结构性的意义和价值，反而是更加凸显了伙伴关系结构的重要性。把握关系结构的基本特点，掌握结构变化的主要规律和方向，从而限制和规制伙伴关系过程性，对伙伴关系的演变产生一种约束力，进而引导伙伴关系结构向积极的

---

① [美]亨利·基辛格：《论中国》，胡利平等译，中信出版社2015年版，第514页。

方向演变，这才是伙伴关系研究的主要目的所在。因此，在强调关系过程性的同时，并不能否定关系结构性，两者是辩证统一的。结构产生的是一种约束力，结构是一种约束机制；而过程产生的是一种推动力，促进伙伴关系变化，是一种变动机制，伙伴关系的不断发展是两种力量、两种机制共同塑造的结果。

过程性是中国伙伴关系的最本质属性，关系本身就是在不断的互动过程中结构、重构和再构，关系就是在不断的运动中变化和发展。从单一的伙伴关系来看，其存在着从确立到发展调整、升级突破甚至消亡的多个过程，每个过程都有不同的存在形式和变化特点。从中国伙伴关系历史的整体来看，中国的伙伴关系经历了前20年的创立、探索和奠基期，迎来了跨越式高速发展的新时代10年，也经历了从伙伴关系点到伙伴关系群再到伙伴关系网的成长过程。伙伴关系的变动过程是多重因素共同影响的结果，有内在的因素，也有环境的因素，但从本质上看都是由行为体的不断互动所形成的。

第八章

中国伙伴关系的评价理论

伙伴关系实践对伙伴关系存续具有根本性的价值和意义,实践过程固然重要,但是实践结果则更重要,因为结果直接关系着实践的成败,没有结果的实践,或者说没有实现实践目的的实践不是成功的实践。在实现中国与世界良性互动中实现共生共赢是中国伙伴关系实践的根本目的,伙伴关系实践是否及在多大程度上反映了这种目的,是衡量伙伴关系成效的基本准则,伙伴关系评估则是以衡量和判断这种成效为导向和目的。伙伴关系评估是一项复杂的系统工程,复杂性是中国伙伴关系实践的突出特性,也是影响伙伴关系过程与结果的重要因素。此外,伙伴关系的发展演变是在多种因素的合力作用下实现的,关系力是催生和推动伙伴关系实践变化的内在动力,也是决定伙伴关系复杂性的重要因素。关系力是伙伴关系复杂性的原因,复杂性是伙伴关系力的结果,二者都是影响伙伴关系过程与结果评估的基本要素。本书以复杂性和关系力理论的构建为基点,以过程评估和结果评估为基本内容范畴,分别从伙伴关系评估的基本意义、伙伴关系评估的基本体系、伙伴关系评估的结果应用三个方面探索中国伙伴关系评估理论的基本内涵。

第一节 中国伙伴关系的复杂性评估

复杂性是客观世界的一种内在属性,是系统内诸多因素相互作用的状态。世界政治的复杂性来源于变量之间的非线性互动,国际关系复杂性是指关系行为体在互动结构与进程中表现出的一种存在。因而,在国家间的互动交往中,复杂性既是交往互动的前提,也是交往互动的结果。中国伙伴关系是中国与世界体系中其他国家互动交往的方式,复杂性是其实践发展的重要特点。

1. 中国伙伴关系复杂性的主要原因

从一般意义上来看,伙伴关系的复杂性体现在结构、进程、认知等方面,在双边、地区和全球等不同地域范畴,在政治、经济、社会、文化、安全等诸多领域均有所展现。[1]但从根本上来看,伙伴关系的复杂性主要与关系互动有关,无论是文化认知的差异,还是结构与进程的复杂多样,抑或是关系场域的不同,都须在关系行为体的互动中才

---

[1] 门洪华、汪婷:《中印伙伴关系复杂性的战略分析》,《探索与争鸣》2021年第9期。

会对伙伴关系产生影响，互动复杂性是伙伴关系复杂性的根本动因。互动的行为体复杂多样，互动的内容错综复杂，互动的方式丰富多彩，互动的过程变化多端，互动的速度、广度、深度、烈度等强弱不一，都从不同的维度塑造了关系行为体的互动结构和进程，进而形成了复杂多元的关系互动样态。

互动是把诸多因素与伙伴关系联系起来的纽带，缺失了行为体之间的彼此联系和相互影响，伙伴关系也就无从谈起。正因为行为体互动方式的差异性、互动过程的差异性、互动认知的差异性，以及行为体自身固有属性和利益诉求的多样性等，决定了由互动而构建的伙伴关系的多元性、复杂性。另外，伙伴关系存在于一定的内外环境中，环境因素对伙伴关系的影响也是多方面的、多维度的。正因为伙伴关系存在于复杂的国内和国际环境中，是在复杂因素相互作用、相互影响的互动中形成的，因而，复杂性是伙伴关系的一种基本属性。

中国与世界上100多个国家和地区建立了伙伴关系，伙伴关系复杂多样，伙伴关系建构的过程多元不一，伙伴关系的影响因素也是多种多样，伙伴关系的对象国分布在不同地域，对象国的条件千差万别，对象国与中国的双边关系也错综复杂。因此，在关系互动的内容和领域、关系互动的历史和现状、关系互动的利益诉求等多方面都有所差异和区别，无论是中国的全球伙伴关系网络体系，还是具体的某一伙伴关系，都是极其复杂的。

2. 中国伙伴关系复杂性的主要表现

从不同的维度来看，中国伙伴关系复杂性具有不同的表现形式，既有伙伴关系自身的复杂性，也有伙伴关系所处环境的复杂性，伙伴关系的复杂性存在于伙伴关系系统内外。聚焦于伙伴关系自身，从关

伙伴关系：中国与世界

系网络系统的宏观层面来看，伙伴关系复杂性具体表现在以下几个方面。

一是伙伴关系对象国比较复杂。中国的伙伴关系对象国遍布全球，是一个复杂多样的系统，其中有像德法这样的欧洲大国，也有像基里巴斯、所罗门群岛这样的岛国，既有发达国家也有发展中国家和欠发达落后国家。不同发展阶段、不同宗教信仰、不同政治体系的国家都可与中国建立伙伴关系，这也反映了中国不以意识形态划线、不搞小圈子政治的真正的伙伴关系原则，无论国家大小、强弱，中国都以伙伴关系而平等相待。另外，同为中国伙伴关系的两个国家间可能存在非正常关系，甚至有可能对立或对抗。中国坚持在独立自主和平共处五项基本原则的基础上，同所有国家发展伙伴关系，不但不干涉别国内政，而且还促进所有国家都能和平共处、合作共赢。根据不同的标准划分，中国的伙伴关系国可划分为多种不同的类型，彼此之间有交叉、有重叠，中国伙伴关系对象国是中国伙伴关系的一个子系统，反映和体现了中国伙伴关系特点和属性。

二是伙伴关系层级定位比较复杂。伙伴关系层级反映了中国伙伴关系的发展水平和程度，中国伙伴关系层级虽然可分为三大类九小类，但是从关系实践的过程和结果来看，实际情况远比这复杂得多。目前中国建立的伙伴关系种类有十余种，每一种关系定位都有其特定的意义和内涵。如中巴全天候战略合作伙伴关系代表了中国伙伴关系层级的一种新高度，2016年中国和瑞士建立的创新战略伙伴关系则开辟了中国伙伴关系的一种新范式。另外，在实践发展过程中，相同层级的关系定位中，伙伴关系的水平也会存在一定的差异和区分，如同样是建立了全面战略伙伴关系，但中国与塞尔维亚的全面战略伙伴关系同中国与澳大利亚之间的全面战略伙伴关系则是两种迥然不同的关系样态和演变进程。由于国家之间的历史联系、国家自身条件以及所处环境的差异性等多种因素影响，相同定位的关系层级从一开始便具有不相同的关系内涵，定义为同一种关系层级标志着中国对此伙伴关系的态度和认知，或是中国对伙伴关系定位应然性的一种期许，但是由于关系对象国的差异性以及双边互动所处环境的差异性，关系相同层级的不同内涵则是中国伙伴关系实然性的一种状态。中国尊重他国意愿，强调"和而不同"，因此不以机械的、固化的标准衡量实际的伙伴关系，主张多元性和包容性，这也是中国伙伴关系的一种特色。不同层级的伙伴关系存在差异，相同定位的伙伴关系存在差异，关系层级的变动调整也存在差异，伙伴关系层级的多样性、差异性、复杂性构成了中国伙伴关系体系的另一个子系统。

三是伙伴关系确立方式比较复杂。伙伴关系的确立是中国伙伴关系的发展起点，正如前文所言，伙伴关系的确立有多种方式，常见的是通过发表联合文件的方式确立，而联合文件也有许多种，如联合声明、联合公报等，中国大部分的伙伴关系都是通过这种方式建立的。伙伴关系确立也有通过领导人互动实现的，如1996年确立的中印面向21世纪的建设性合作伙伴关系，就是在中国国家主席访问印度时确立的。中国与刚果（金）的战略伙伴关系，就是2015年9月4日刚果民主共和国总统卡比拉来华出席中国人民抗日战争暨世界反法西斯战争胜利70周年纪念活动时，中国国家主席与其会见时第一次对外公布。2016年11月2日中国国家主席同几内亚总统在北京举行会谈，两国元首共同决定建立中几全面战略合作伙伴关系。无论是以联合文件的形式书面确立，还是以共同宣布的方式口头确认，中国伙伴关系的建立都离不开领导人之间的互动和交往，领导人互动包括中国领导人出访伙伴关系国和伙伴关系国领导人出访中国。通过梳理发现，中国出访

伙伴关系：中国与世界

的频率和次数比伙伴关系国元首来华的次数还要多，尤其是党的十八大以来，中国元首出访次数大幅增多，这体现了中国积极拓展全球伙伴关系网络的战略安排和决心，也是中国伙伴关系发展演变的一大特点。在领导人互动中，互动的主体是国家元首，当然也有国务院总理或者外交部部长。互动行为体的多样化、互动形式的多样性都影响了伙伴关系确立时的层级定位，也决定了中国伙伴关系起点的复杂性。

四是伙伴关系演变过程比较复杂。从空间分布来看，中国伙伴关系布局范围越来越大，但是不同区域的变化情况差异较大。其一，不同区域伙伴关系的覆盖范围存在差异，比如中国在亚洲地区的伙伴关系分布情况与在欧洲地区的分布情况显然不同。截至2021年7月，亚洲46个国家中有37个与中国建立了伙伴关系，占比约为80.4%；而欧洲45个国家中伙伴关系国有25个，占比约为50%。其二，中国伙伴关系在不同区域的变化幅度和速度也存在差异，部分区域整体变化的速度快，幅度大，比如亚洲地区和非洲地区，而有些区域则变化缓慢。其三，中国伙伴关系变化的差异性和多样性还表现在同一区域内部的变化情况，或者在次区域范围内的变化也存在一定的不一致性，比如中国周边伙伴关系的发展与亚洲其他区域的伙伴关系发展就存在较大的不同，无论是在关系层级还是在关系变化方面都有显著区别。

伙伴关系宏观层面的复杂性反映了中国伙伴关系整体的系统性特征，而构成中国伙伴关系系统的每一个具体的伙伴关系都是最基本的构成单元，或者说是最小的伙伴关系网络连接点，每一个具体的伙伴关系也是一个相对独立的子系统，具有其内在的复杂性。

第一，每一个伙伴关系的内容都是多元复杂的。大都涉及政治、经济、文化等多个领域，有的还涉及军事合作、战略协调等其他更为敏感的议题。因而，中国的伙伴关系基本上都包含着政治互动、经济项目合作、社会文化交流等诸多共通性内容，诸如全球战略协调与合作等专有性内容则只包含在一些层级较高的战略伙伴关系中。共通性内容是伙伴关系发展的基础，专有性内容则是伙伴关系升级拓展的方向。虽然合作是所有伙伴关系的应有之义，但是在实践过程中，双边合作的范围和程度则不尽相同，或者说在某一领域的合作与否以及合作程度并非伙伴关系确立即可确定的，也并非在某一领域除了合作或者不合作两种情形之外，不存在矛盾甚至对抗等第三种情形。因而，中国伙伴关系的内容极其复杂，多元性、异质性都是中国伙伴关系内容的基本特点。另外，每一个具体的中国伙伴关系都不是由单一的合作内容来支撑的，通常都是多领域合作共同开展，高政治性的合作可以引领和推动低政治性合作，低政治性的合作积累有助于高政治性议题的共识与协同。

第二，每一个伙伴关系的利益都是复杂多元的。伙伴关系的建立并不意味着两国之间的矛盾都已解决，也不意味着两国之间不会出现摩擦。伙伴关系的建立虽然标志着两国的合作关系进一步加强和升级，但是并不代表两国之间的竞争甚至对抗就不存在了。比如中国与越南建立了全面战略合作伙伴关系，双边关系发展到了新水平，但是两国在南海争端上的矛盾并未因伙伴关系的建立而自动消失，中越也未因为存在海洋领土争端而放弃发展和升级两国伙伴关系。这表明中国伙伴关系在利益追求上具有较强的包容性，能够求同存异。然而从另一方面看，伙伴关系的建立和发展虽然不能消除所有的国家间矛盾和争端，但是对于国家间矛盾的缓和与解决却是有积极作用的。杜特尔特时期的中菲伙伴关系得到了加强和升级，在这种关系推动下，两国在南海地区的争端得到了有效控制。

第三，每一个伙伴关系的变化都是复杂多样的。虽然中国在推动

伙伴关系：中国与世界

全球伙伴关系网络发展中的努力始终如一，但是伙伴关系国国内的政局变化、政权更迭都会对伙伴关系产生重要影响，尤其是国家领导人特征和偏好选择的不同，极大影响着伙伴关系发展的连贯性和一致性。第三方因素也严重制约着中国伙伴关系发展，尤其是受到大国政治的牵制。中菲、中韩伙伴关系的发展都受到美国的影响，尤其是在中美关系出现极大变动时，第三者因素是分析和研究中国伙伴关系过程中不可忽视的因素。另外，双边关系的历史记忆也会对伙伴关系发展产生影响，尤其是双边关系的消极记忆在一定程度上会掣肘伙伴关系发展。

第四，每一个伙伴关系的定位都是复杂多变的。伙伴关系正如双边关系一样，并不总是沿着同一路线、朝着同一方向、保持同一速度运动，在发展的过程中，伙伴关系可能积极正向演变，也可能消极负向变化，比如中美曾在20世纪90年代建立建设性战略伙伴关系，2011年战略伙伴关系变成合作伙伴关系，但是当前的中美关系俨然已无法用伙伴关系来定义。这种退化性的伙伴关系演变是中国伙伴关系发展的一种客观存在，但是大多数的中国伙伴关系都是上升发展的，如中国与巴基斯坦、俄罗斯、缅甸等国家的伙伴关系。另外，中国伙伴关系也存在名存实亡、名不副实等极端现象，这些特殊情况往往是由于伙伴国的政策变化或者两国的历史联系等因素造成。比如莫里森时期的中澳关系虽然依然是全面战略伙伴关系，但是由于澳大利亚政府的反华政策，两国关系跌至谷底，这时的双边关系实质上已经是名存实亡。当然，这种特殊的关系状态可能只存在于特殊的关系阶段，并非不可逆的，如阿基诺三世时期，中菲关系遭遇了历史性倒退，中菲战略合作关系名存实亡，但2016年杜特尔特上台以来，两国关系得到快速扭转，并且建立了全面战略合作关系，双边关系得到了新的提升，关系定位的摇摆性、反复性也增加了应对和把握中国伙伴关系的复杂性。另外，部分伙伴关系的定位并未能完全反映双边关系的存在和发展状态，有的伙伴关系只有形式上的伙伴关系而没有实质上的伙伴关系。有的伙伴关系因受到非双边因素的影响而未确立或者升级，但是双边合作的深度和广度远超当前的关系定位，这也是一种较为特殊的伙伴关系定位。

第五，每一个伙伴关系的区分都是复杂多样的。从表现形式来看，伙伴关系的区分相对直观，不同类型或层级的伙伴关系有不同的界定，如全面合作伙伴关系、战略伙伴关系、全面战略伙伴关系等，但是从合作的内容来看，不同伙伴关系的区分则较为复杂。国家之间的双边合作基本都涉及政治、经济、文化等领域，也都存在双边机制、项目合作等，不同的伙伴关系存在相同的合作领域或合作方式，如何区分彼此之间的差异则是一个较为复杂的问题。伙伴关系的合作范围如何界定？合作程度如何测度？不同的伙伴关系如何用定量的指标进行区分？这些都是在区分和判定具体的伙伴关系特性时面对的基本问题，即伙伴关系的边界问题。另外，同一伙伴关系从较低层级向较高层级运动，两种不同层级在同一伙伴关系框架内如何区分，如中国与斯里兰卡2005年建立的真诚互助、世代友好的全面合作伙伴关系与2013年建立的真诚互助、世代友好的战略合作伙伴关系之间存在着层级上的差别，但是全面合作伙伴关系与战略合作伙伴关系的区别主要体现在什么方面、两者区分的主要指标是什么则是考察中斯伙伴关系发展演变的重要议程。

无论是宏观层面的复杂结构和变化，还是微观层面具体关系的复杂表现，都表明复杂性是中国伙伴关系实践的一种显著特点。通过梳理分析伙伴关系复杂性的诸多表现，有助于明晰中国伙伴关系实践的真实面貌，有助于把握和评估伙伴关系发展的真实效果。

3. 中国伙伴关系复杂性的重要价值

中国伙伴关系是一个复杂系统，这种复杂系统对于双边关系的维系和发展具有一定的价值和意义。两国交往互动建立了双边关系，但是并不一定必然建立伙伴关系，伙伴关系只是双边关系的一种。从范围上看，双边关系涵盖伙伴关系，而伙伴关系并不能涵盖双边关系。也就是说，两国存在双边关系时不一定存在伙伴关系，但建立伙伴关系时一定存在双边关系。通常情况下，当两国关系从一般性双边关系上升为伙伴关系时，双边关系与伙伴关系可看作一体的。但随着伙伴关系理论和实践的不断丰富和变化，伙伴关系的内涵和范围也在不断调整和变化，如议题性伙伴关系则就某一领域进行专项合作，而非综合性全面互动。因此，这一类型的伙伴关系只能看作双边关系的一个构成部分，从这一维度来看，伙伴关系也可能是双边关系的一部分，双边关系可能包含多个伙伴关系。无论是综合性的伙伴关系，还是专项性的、议题性的伙伴关系，伙伴关系都是双边关系的提升和升级，而双边关系是伙伴关系建立和发展的基础和前提。双边关系对伙伴关系具有基础性推力，而伙伴关系对双边关系也有反作用影响力，伙伴关系的积极发展能促进双边关系的改善。

因而，从某种意义上说，伙伴关系的复杂性是一种国家间交往互动的无形资产，对于双边关系的发展具有重要影响，这也是中国伙伴关系价值的重要体现。首先，伙伴关系复杂性有益于促进双边关系的稳定。每一个具体的伙伴关系都是由各种因素相互交织、相互影响而形成的一个复杂系统。在这个系统中，国家间通过各种不同的方式在不同的领域相互联系，互动的增加和增强加深了国家间的利益共享和认知共振，促进了双边关系的稳定发展，有助于消弭关系内外的各种消极因素对双边关系带来的冲击，增强双边关系的抗风险能力。其次，伙伴关系的复杂性有益于增进双边关系的韧性。任何国家间关系的发展都不是"真空"的，都会面临各种各样的风险挑战，能否抵挡住来自不同方向和不同领域的冲击影响，是国家间关系面临的严峻考验。伙伴关系作为国家间加强合作的一种反映和表现，对关系双方的政策选择和行为偏好具有一定的塑造力和影响力，对于国家处理双边关系中的障碍或者矛盾具有一定的规制性和制约性，从而减弱消极因素的不利影响，降低双边矛盾可能升级或加强的烈度，增强两国关系的韧性。伙伴关系是国家间交往的一种良性互动，互动频率的增加以及互动深度的加强，都将会促进国家之间的利益互构和融合。伙伴关系的层级越高，两国之间的利益联系越多、越密、越深，双边关系经受冲击和风险的韧性也越强，关系互动建构关系韧性。最后，伙伴关系复杂性有益于推动双边关系的维系。双边关系的确立和发展是长期交往互动的结果，而伙伴关系的建立和发展则更是国家间长期友好交往和良性互动的结果，集中反映了两国对彼此交往的认同和认可，是国家间战略协调和政策调整的结果。因而，伙伴关系的存续对于双边关系的积极发展具有推动作用，良性的国家互动有助于双边关系的维系，有助于推动双边关系的持久性发展。

  复杂的伙伴关系系统是促进双边关系发展的有利条件和资源，有助于增强双边关系的稳定性、韧性和持久性。因此，判断一个双边关系的发展效果和程度，可从其是否及在多大程度上增进了双边关系的稳定性、韧性和持久性来判定。当然，关系稳定性、韧性、持久性的判定和测度又是另外一个复杂的议题，但从双边关系受其国内政治的影响程度，受外部因素的影响程度，受双边摩擦矛盾的影响程度，因

伙伴关系：中国与世界

消极因素变化的程度、幅度、烈度等方面，可以观察双边关系抗风险、抗冲击、抗破坏能力，进而判断双边关系的动荡性、脆弱性、突变性的可能性大小。

然而，伙伴关系复杂性还存在另一个分析向度，即伙伴关系的复杂性给双边关系的发展带来的并不必然是积极效果或者消极效应。正如前文所述，在伙伴关系的框架下，两国的互动内容中有合作也有不合作甚至矛盾对抗，有可能在某一领域合作，在另一领域对抗，或者是在同一领域既有合作又有对抗，即伙伴关系内容存在一定的多元性和异质性。当伙伴关系的复杂性表现为关系内容的异质性时，这种关系状态对两国互动的影响便是负向的、消极的，对双边关系的稳定性、韧性和持久性具有一定的破坏性。从根本上看，伙伴关系的内容存在异质性是一种客观事实，因为伙伴关系的建立和发展并不能消除国家之间的主权边界，也不能融合国家之间的所有利益诉求，因此，两国发展伙伴关系并不代表两国之间只有合作没有矛盾。一方面，国家间合作带来了伙伴关系，合作为建立伙伴关系提供了基础；伙伴关系反过来也推动了国家间合作，伙伴关系是国家间合作的推进剂和润滑剂。国家间的合作并不全部因伙伴关系而起，一些合作存在于伙伴关系之前并持续到现在，一些合作产生于伙伴关系之后。另一方面，伙伴关系框架下的国家间矛盾或者对抗，有可能在伙伴关系之前就存在，一直持续到伙伴关系之后，也有可能在伙伴关系之后出现，建立了伙伴关系并不代表两国之间不再产生纠纷和矛盾。故而，伙伴关系框架下的合作和矛盾来源于两种不同的情形，伙伴关系的异质性也存在两种不同的状态。判断和评估这类伙伴关系复杂性对双边关系的影响效果，主要是比较相同的关系矛盾在伙伴关系前后对双边关系的影响程度，分析伙伴关系多大程度上迟滞或者减弱了这种矛盾对双边关系的冲击或破坏。如果说上述关系复杂性给双边关系的发展带来的是积极收益，那么此类关系复杂性给两国关系带来的则是消极收益，收益大小的测量和评判是值得进一步深化的研究议题。总之，无论是积极收益还是消极收益，复杂性作为伙伴关系实践的一种结果，对双边关系都具有重要的影响。

简而言之，复杂性是中国伙伴关系实践发展的一种显性结果，是在伙伴关系的发展过程中逐渐形成的，通过分析伙伴关系的复杂性结构及其相关表现和特点，不仅有助于把握中国伙伴关系实践的演变逻辑，而且有益于评价中国伙伴关系实践的真实效果。因而，关系复杂性分析是中国伙伴关系评估的一个重要维度。

第二节 中国伙伴关系的关系力评价

每个国家都处在多种复杂的关系体系中，对内需要处理自身的政治经济社会等国内问题，对外需要处理与其他国家的各种复杂关系。在各种错综复杂的关系网络中，国家被关系体系所塑造，与此同时，也影响和改造着各种关系体系。关系是权力，关系也孕化权力。[1]权力从本质上看是一种能力，一种能影响他人态度和行为的作用力。不同类型、不同维度的关系问题考验着国家的决策能力和行为能力，无论是内部的各种关系，还是外部的各种关系，国家如果意图实现其内政外交的战略目标和政策导向，必然要维持好各种关系之间的关系，实

---

[1] 秦亚青：《关系与过程：中国国际关系理论的文化建构》，上海人民出版社2021年版，第67—68页。

伙伴关系：中国与世界

现关系之间的某种力学平衡，进而创设有利的生存和发展条件。故而，从这一维度来看，关系力存在于国家存续的过程中，存在于国家建构的环境中；从另一维度来看，国家也受到各种关系力的影响和作用，处在各种关系力组成的复杂系统内。关系力塑造国家的政策和行为，国家的政策和行为也改变内外环境所产生的关系力，互为因果，相互建构。

国家所处的环境分为内环境和外环境，国家所面对的关系力也分为内关系力和外关系力，两种关系力均来自国家与环境的互动，互动是产生关系力的根本原因。互动性则是国家存续的固有属性，从最极端的情况来分析，国家可能断绝与外部环境的联系，但其无法拒绝或阻挡内环境的影响，国家内部的每一领域都会对国家产生作用力，况且，完全脱离国际社会的国家几乎是不存在的。因此，内外环境是影响国家建构的基本要素，内外关系力是塑造国家政策和行为的基本力量。通常情况下，国家所承受的关系力是来自内外环境的，内外关系力不是相互隔绝，而是相互影响。

本书主要是从外环境的角度来研究国家所承受的关系力，即在国际社会中国家所具有的关系力。在国际社会中，所有国家行为体都处在复杂的、多元的关系体系中，脱离国际关系体系的国家行为体是不存在的，国际环境和国际体系产生了一种国际关系力，处在这个关系体系中的行为体都会受到这种关系力的影响和制约。在国际关系体系中，国家所建构的国家间关系是多种多样的，国家间关系所处的国际环境也是多种多样的，因而国际关系体系所产生的关系力是多方向、多维度、多样式的。国家间的互动是持续的、变动的，因此国家所面对的关系力也是不断变化的，不仅会有方向的变化，也会有大小的变化。

1. 双边关系的关系力分析

在本书中，我们重点关注具体的双边关系，关注双边行为体互动所产生的关系力。双边关系因两国互动而建立和发展，双边关系体系由两国互动来构建，双边关系力因两国互动而产生。双边行为体从建立关系体系开始，关系力就存在于关系体系中，对双方的政策选择和交往行为产生持续的影响，双边关系力具有如下诸多特征。

第一，双边关系力是双边作用的合力。关系力是一种系统作用力，而不是系统中某一行为体单独所施加的作用力，关系力是由关系行为体的共同作用力决定的。无论哪一方行为体，也无论行为体的作用力大小和方向如何，只要其处在特定的关系体系和框架中，其行为必然会对关系本身造成一定的影响，施加一定的作用力。所有关系行为体作用力的合力就是关系力，或者说关系力是双边关系行为体作用力的结果。关系力的大小和方向由合力所决定，两国合作所产生的关系力必然会促进两国关系发展，反之亦然。在双边关系体系内，关系力的大小和方向需要双方行为共同决定，一方对双边关系施加较大的、积极的作用力，但若另一方不作为或者施加相反的作用力，那么双边关系所带来的关系力则会受到影响或削弱。

第二，双边关系力具有相对独立性。正如前文所述，关系力由关系互动所产生，关系互动能改变关系力，与此同时，关系力也能改变关系互动。关系力是改变双边关系状态或模式的根本原因，关系力是维系关系存续的根本原因，是把关系行为体维系在关系框架内的根本原因，是推动关系互动加强或加速的根本动力。关系力源自关系互动而相对独立于关系互动，双边关系一旦建成，无论各方行为体是否会对此关系系统施加作用力，都将受到此关系力的影响。也就是说，关

伙伴关系：中国与世界

系系统一旦建立，行为体所受到的关系力就不会因为其没有对系统施加作用力而不存在。不管其是否施加作用力，关系力都存在，都对其产生影响，都会对其行为以及后果产生力的作用，只是关系力的影响程度和效果会因其作用力差异而有所区别。虽然关系力因关系存在而存在，因关系消亡而消失，但是在双边关系的存续期间，关系力对双边关系的作用和影响都是持续的，即使关系行为体对关系所施加的影响力有所差别，这也是关系力最基本的价值所在，两国有关系总好过没有关系。

第三，双边关系力的大小和方向具有极大的变动性。在双边关系中，关系力的大小和方向是由关系行为体的作用力所决定的。不同的行为体在不同的双边关系中，同一行为体在同一双边关系的不同时期，其对双边关系的作用力情况可能存在差异。比如，对于日本来说，其对日中关系与日美关系的重视程度和投入程度是不同的，也就是说在两对双边关系中，日本对关系力的影响和作用是不同的。另外，同样是中日关系，小泉纯一郎时期的日本政府与福田康夫时期的日本政府在对华政策上存在明显区别，两个时期的中日关系也表现出较为显著的差异。双边关系的发展样态以及发展方向是由双边关系力所决定的，而关系力是由关系行为体的互动所决定的，关系行为体的态度和行为从根本上决定着关系力的大小和方向。由于行为体的态度和行为不断变化，所以关系力的大小和方向也处于不断的变动之中，关系力是把关系行为体联系在一定关系框架内的根本原因，也是改变双边关系状态或模式的根本原因。假设关系行为体的作用力都是正向的、等大小的，或者说行为体的行为都是积极合作的，那么所形成的关系力也就是正向的、叠加的合力；如果行为体的作用力是反向的，或者说关系行为体在关系体系内采取的是破坏性的行为，那么所造成的关系力就会根据行为体作用力的大小而出现不同的结果,从而对行为体的行为和决策产生制约。

第四,双边关系力的作用效果具有扩散性。从双边关系的内部构成来看,关系力对关系的影响是全面性的、全局性的,对两国间的政治、经济、文化、外交等各方面都有影响。关系力的影响是跨领域的,也是超领域的。积极的双边关系对于两国间的政治互信与经济合作都是有益的。从双边关系的整体效果来看,关系力不仅会影响双边关系的发展变化,也会对双边之外的其他行为体产生影响。双边关系从建立开始,关系力就对关系行为体的行为和政策产生着持续的影响力,行为体的行为和政策不仅存在于双边关系框架内,也存在于双边关系之外,关系力不仅会影响双边关系内的互动,也会影响行为体与关系体系外的行为体互动,即关系力的作用效果是扩散性的,是跨越双边关系的。比如,中日关系所产生的关系力不仅影响中日关系走向,而且会对日美关系、中美关系等产生影响。因此,可以说关系力对关系行为体的影响是系统性的,也是广泛的,关系力塑造关系行为体的多重行为和多样决策。

2. 伙伴关系的关系力

从本质上看,伙伴关系是国家间互动的一种特殊关系,伙伴关系的存在和发展受到关系力的影响和作用。伙伴关系力的形成是由伙伴关系行为体的作用力造成的,伙伴关系力也对伙伴关系行为体的行为产生影响和制约。从双边关系的角度看,伙伴关系是一种特殊的双边关系,是一种关系水平较高的双边关系,因此中国伙伴关系除了具有双边关系力的诸多特征之外,还具有伙伴关系本身的一些关系力特性。

首先,伙伴关系力是维系和推动伙伴关系发展的动力。伙伴关的建立和存在是因为关系力的存在，失去了伙伴关系力，伙伴关系也便不存在。伙伴关系力式微或者减弱，伙伴关系便出现某种程度的困难或倒退。其次，伙伴关系力是区别于双边关系力的一种关系力，伙伴关系力来源于双边关系力，但是其大小强于一般性的双边关系力。伙伴关系力来源于双边关系力但也高于双边关系力。最后，伙伴关系力是决定伙伴关系最终走向的根本原因。伙伴关系力可以建构和推动伙伴关系发展，与此同时，也可以破坏甚至阻断伙伴关系发展。从最一般的意义上来看，伙伴关系力是伙伴关系行为体之间存在的一种力量，影响着伙伴关系的发展方向和未来趋势。

本书仅仅是从关系力的概念内涵以及基本特性等方面对伙伴关系力进行了初步探索，对于伙伴关系力的作用机理、测度指标、计算标准等诸多问题尚未涉及。尽管本书尚未对伙伴关系力进行全面系统的分析，但是关系力为分析和研究中国伙伴关系的发展提供了一种视角或路径，为更加多维、更加全面地认识和把握中国伙伴关系理论和实践提供了重要方向。

第三节　中国伙伴关系的过程评估

伙伴关系过程主要是指伙伴关系确立与变化的所有内容，包含两个阶段的内容：一是伙伴关系从无到有的变化，二是伙伴关系从一种状态到另一种状态的变化。无论是从无到有还是由此及彼，都是关系互动的运动过程。伙伴关系过程评估主要是考察关系运动的基本规律与特点，通过分析、评价关系运动的方向性、连续性以及稳定性，对伙伴关系的发展过程进行跟踪、检测，并为管理和把控伙伴关系的演变提供参照。

1. 伙伴关系过程评估具有重要价值

从本质上看，关系过程就是从一个时间运动到另一个时间，或是从一种状态运动到另一种状态。从一种情形发展到另一种情形，或者是从一种关系存在的时空条件演变成另外一种时空条件，进而导致伙伴关系的构成内涵发生一定的改变，这是伙伴关系过程演变的基本逻辑。过程评估就是对过程的考察，对演变逻辑的把握，对关系发展轨迹的追踪。因此，过程评估是"知其所以然"的过程，对于伙伴关系的整体发展具有重要意义。

首先，过程评估有利于掌握伙伴关系发展的基本动向，通过分析一定时间范围内伙伴关系升级、静止抑或是降级的基本情况，可以把握伙伴关系变化的基本趋势，进而掌握关系发展的方向。其次，过程评估有利于明晰伙伴关系演变的连贯性。在跟踪关系演变的过程中，可以及时地发现伙伴关系具体变化的情况，即伙伴关系何时出现了变化以及变化的效果如何，进而了解伙伴关系过程是否延续或连续。最后，过程评估有利于把握伙伴关系的稳定性。通常情况下，关系稳定与否同关系过程的变化大小以及变化多少有密切的关系，通过分析一定时间区间内关系变化情况可以把握关系稳定性的强弱。

2. 伙伴关系过程评估具有完整的指标体系

过程评估是对伙伴关系在一定的时间区间内的运动变化情况进行评估，因此，伙伴关系过程评估的重要前提是确定伙伴关系考察的时间段。发展过程主要是由具体的关系事件所构成的，伙伴关系过程也

伙伴关系：中国与世界

就是各种伙伴关系事件相互作用和相互影响的过程，关系事件是伙伴关系过程评估的主要伙伴关系国之间的互动事件。虽然在关系发展过程中，所有的互动事件都会对伙伴关系发展产生影响，但是不同的事件所带来的影响力是不同的。通常情况下，指向性事件对发展过程的影响最为显著，对伙伴关系过程的建构能力和推动能力最为明显。从伙伴关系本身来看，指向性事件具体可包含伙伴关系的升级事件，即在一定的时间区间内，关系升级出现的情况。在关系实践发展的过程中，通常以5年为一个考察区间或者基本单位来分析关系变化的基本过程。

首先，可以通过升级事件次数来衡量过程连续性，频度越高表示关系连续性越好。如5年内，伙伴关系升级了5次，那么伙伴关系的频度值是1；若升级了6次，那么频度是1.2；升级了4次，频度是0.8；升级了3次，频度是0.6，以此类推。其次，可以通过升级事件产生的关系定位变化多少来衡量过程稳定性，即通过分析一个基本单元内伙伴关系层级变化的多少，分析关系变化的幅度大小。最理想的状态是，5年内关系层级上升了5次，那么关系变化的幅度达到最大值1；[①] 如上升了4次，那么关系幅度是0.8，以此类推。比较分析可知，关系频度是从横向维度考察关系变化情况，关系幅度是从纵向维度分析变化情况，频度高并不一定必然导致幅度大，同理，幅度大并不必然会频度高，但频度的增加通常有利于幅度的增大，即伙伴关系升级次数的累积效应通常会触发关系层次的上升。因此可以说，两者之间存在着一定的关联性，但是并不存在必然的因果关系。最后，可以通过事件互动的向背来衡量关系演变的方向性。客观上分析，升级事件都是关系互动

[①] 梳理中国伙伴关系的实践过程，尚未发现5年内关系层次升级5次的情况。与此同时，也尚未出现5年内关系层次升级次数大于5次的情况，但是，5年内关系层次升级次数为0或者层次改变次数为0的情况却是客观存在的，尤其是在关系确立的最初阶段，这种情况较为常见。

的正向事件，均有利于推动伙伴关系朝着积极向前的方向演进，因此，以升级事件为考察对象，关系变化的方向客观上都是正向的。在中国伙伴关系发展过程中，尚未出现关系降级事件，即关系行为体从关系定位的角度正式宣告关系降级。因此，对于伙伴关系方向性的衡量还需考虑关系本身之外的因素，即从更为基础、更为广泛的角度分析关系行为体之间丰富的互动事件，而不仅仅是从关系自身来审视。

以伙伴关系事件为基本的分析单元，梳理伙伴关系过程中的事件群，建构伙伴关系发展的事件库，对伙伴关系变化的基本过程进行评估，通过过程评估掌握伙伴关系发展的真实状况，衡量伙伴关系的实践路径和方向是否正确，真正把握伙伴关系发展的基本规律，为伙伴关系决策和实践提供参考，这是关系过程评估的基本目的所在。

第四节 中国伙伴关系的结果评估

伙伴关系结果是指关系发展所带来的效果以及所产生的影响。伙伴关系结果可包含两个范畴的内容：一是伙伴关系自身的结果，即关系定位的情况；二是互动关系的结果，即伙伴关系发展所带来的政治、经济、文化等各领域的发展。从根本上说，伙伴关系的结果包含抽象的结果和具体的结果，形而上的结果和形而下的结果，两者之间相互影响、相互促进、互为因果。关系定位的升级必然带来政治、经济、文化等具体互动的改善和加强，政治、经济、文化等领域的互动改善和加强也必然推动伙伴关系层级的不断提升，两种结果都很重要。

伙伴关系：中国与世界

1. 伙伴关系结果评估具有重要价值

关系过程的把握很重要，但关系结果的把握更为关键，伙伴关系发展的根本目标是结果，或者说伙伴关系的根本价值是结果导向而不是过程导向，因此，伙伴关系的结果评估对伙伴关系发展具有最为现实的指导意义和价值。正如上文分析，关系过程与关系结果存在着复杂的内在联系，强调结果的重要性并不是否认过程的重要性，两者同样重要，只是从关系发展的目的来看，结果比过程更为重要，结果的评估也比过程的评估更为重要，但是缺少了过程评估，关系结果的把握就会出现问题。结果评估是"知其然"的问题，过程评估是"知其所以然"的问题，只有清晰地掌握伙伴关系发展的基本过程，才能更好地把握伙伴关系发展的最终结果。因此，从过程评估与结果评估的关系来看，结果评估的重要价值不可忽视，但过程评估的重要性也不容轻视。

首先，结果评估有利于把握伙伴关系理论的正确与否。关系理论的正确与否是通过关系实践来检验的，而关系结果是衡量关系实践的最重要标尺，通过考察和评价伙伴关系的结果情况，可以检验和反观关系理论的运用和指导情况。其次，结果评估有利于观察关系实践的效果情况。实践的效果是通过实践结果来体现的，即通过关系定位的变化情况以及各领域的互动情况来反映的，只有通过结果评估才能掌握伙伴关系实践的改变效果。因此，结果评估有利于推动伙伴关系发展。通过结果评估可以发现伙伴关系理论构建以及实践推进过程中存在的问题和不足，从而修正和改进伙伴关系发展的过程和机制，推动伙伴关系更好地发展。只有通过不断的评估、反馈、修正、再评估、再反馈、再修正的过程，才能保证伙伴关系始终朝着正确的方向、沿着正确的道路不断向前发展。

2. 伙伴关系结果评估包含两大体系

结果评估是以结果为导向的评估理念和思路，比较不同实践节点或时间节点上的伙伴关系效果。伙伴关系效果需要通过对比才能体现，主要是同一伙伴关系在不同时间点位情况的对比。伙伴关系结果评估反映的是特定时间节点上的伙伴关系状况，因此，伙伴关系结果评估必然对应着特定的时间点，虽不同于过程评估的时间段，但是时间点的结果是通过时间段的过程累积而来的。另外，伙伴关系结果评估通常是考察同一伙伴关系在不同时间点的结果情况，而不是考察不同伙伴关系在相同时间点的结果情况。因为不同的伙伴关系通常具有不同的关系起点，起点不同，横向比较的可比性和可行性就不强，但是可以横向比较相同时间区间内，不同伙伴关系从一个结果到两个结果的变化情况，即比较关系效能大小。伙伴关系结果评估包含两大体系：一是伙伴关系自身的评估体系，二是伙伴关系带动的宏观关系评估体系。

一方面，伙伴关系自身结果的评估，主要通过伙伴关系层次情况来体现。通常情况下，高层级的关系效果优于低层级的关系效果。另外，从关系效能的角度来看，固定时间区间内，伙伴关系效能在同层级内部的逐层跃升效能小于跨层跃升，级内跃升小于层级间跃升，逐级跃升小于跨级升级。逐层跃升的关系效能可赋值为0.1，跨层效能为0.2，逐级效能为0.3，跨级效能为0.4，再根据时间区间内跃升的次数，可以估算出一定时段内统一伙伴关系的效能大小，也可比较同一时段内不同伙伴关系的效能差异。

另一方面，伙伴关系带来的宏观关系评估，即评价伙伴关系发展所产生的政治效应、经济效应、社会效应等多领域的关系发展情况。

伙伴关系：中国与世界

通常情况下，可以以两个不同时间点的政治互动和经济互动为代表来考察伙伴关系所产生的政治效应和经济效应。政治互动可以以国家元首的互动情况为参照进行分析，经济互动可以以进出口贸易额来衡量。元首互动的关系效能大于没有关系互动的关系效能，进出口贸易额大的关系效能大于进出贸易额小的关系效能。在一定时间区间内，国家元首互动次数越多，贸易额增幅越大，关系效能就越大。伙伴关系政治效应和经济效应的评估主要是趋势性的，即主要分析关系结果变化的方向性如何以及结果变化的幅度如何，从而获得一种趋向性判断。

结果评估是对伙伴关系理论和实践的反观与反思，揭示了伙伴关系的存续规律，一定程度上影响着伙伴关系发展的未来走向。通过不断的结果评价，持续完善和更新伙伴关系的发展道路、发展模式，在发展中实现伙伴关系的自我革新和跨越。

无论是从关系复杂性的角度分析伙伴关系的丰富实践，还是从关系力的角度考察伙伴关系演变过程的力学原理，都是试图运用不同的理论范式解释中国伙伴关系发展的构成与结果。虽然其科学性仍有待更多的关系实践和更久的发展历史来验证，但其为研究中国伙伴关系提供了两种不同的分析视角，为从不同的纬度认识中国伙伴关系提供了机会和可能。另外，尝试构建一套定量分析的指标体系和评估机制，对中国伙伴关系的过程和结果进行模型化数字化的研究，将成为中国伙伴关系未来探索的重要领域。

第九章

中国伙伴关系发展理论

在不同的历史阶段,中国伙伴关系有不同的实践形态和实践成效,但是从长时段的历时性演变来看,发展性、上升性是中国伙伴关系的基本趋势和取向。中国伙伴关系的发展理论基本上体现在三个方面:一是伙伴关系网络的完善和优化、伙伴关系功效的日益凸显,主要表现为伙伴关系的拓展、深化、创新三个不同的维度。二是伙伴关系体系的完善和优化,主要体现在伙伴关系确立与伙伴关系互通的关系。建立关系网络是伙伴关系发展的基础,畅通关系网络是伙伴关系高质量发展的基础。建立关系网络是改善中国与世界关系的第一步,畅通关系网络则是改善中国与世界的第二步。三是在新的历史条件和环境条件下,中国伙伴关系的自我突破、自我更新。从关系本位的理论范式来看,伙关系和命运共同体都是国家间关系构建的模式和架构。伙伴关系在推动构建人类命运共同体的过程中实现自我发展，伙伴关系框架体系内的发展完善与命运共同体内的创新发展是相辅相成的，体系内的完善是基础和根本，体系外的突破是新生和未来。从伙伴关系向人类命运共同体的过渡则是改善中国与世界关系的第三步，也是完成中国与世界互识与互动格局第二次转型的重要条件。

第一节 伙伴关系网络优化

无论是从中国自身的战略定位和战略投入来看，还是从中国伙伴关系的数量和质量以及中国伙伴关系网络和体系建构的情况来看，都能发现一种较为清晰的发展趋势：中国在世界范围内的伙伴越来越多，中国的伙伴关系网络越来越缜密、越系统。伙伴关系网络是指把不同类型、不同层次、不同区域的伙伴关系构筑成一个有机体系，实现整体效益。从单一性伙伴关系向系统性伙伴关系的转变意味着中国伙伴关系的进一步发展和完善。但是伙伴关系网络的构建是一个渐进的过程，不是一蹴而就的，也不是一帆风顺的，不仅受到中国自身战略的支撑和推动，也受到国际环境变化的制约和掣肘。因此，在伙伴关系网络优化的过程中，需考虑国内国外环境条件的双重因素。

1. 伙伴关系深化

伙伴关系的深化是指伙伴关系水平和层级的进一步提升和升级。从中国伙伴关系发展的实践结果来看，中国伙伴关系层级存在极大的差异性，从整体的关系层级体系来看，在182个建交国的112对伙伴关系中，各个层级的关系分布存在差异；从伙伴关系的空间布局来看，不同地域、不同区域的伙伴关系层级分布存在差异；从具体的特定伙伴关系来看，不同的伙伴关系水平也存在差异。因此，从较低层级向较高层级的关系升级和跃升是中国伙伴关系深化的内在机理。

在伙伴关系层级的整体体系中，战略合作性伙伴关系、战略性伙伴关系和合作性伙伴关系是占据绝大多数的三种关系定位。截至2023年12月，这三类伙伴关系占据了中国伙伴关系的绝大部分，是中国伙伴关系体系的最重要构成。推动伙伴关系升级、构建更高水平的全球伙伴关系网络是中国伙伴关系发展的基本方向。因此，促进伙伴关系从合作性关系向战略性和战略合作性升级、从战略性向战略合作性升级、从战略合作性向更高层级升级是中国伙伴关系深化发展的基本要求。由此可知，中国伙伴关系尚有极大的深化空间，伙伴关系的层级体系仍需进一步优化完善。

在伙伴关系的空间布局中，亚洲地区的伙伴关系整体水平极高，其中周边地区最高，其次是欧美地区、非洲地区、拉丁美洲地区和大洋洲地区。在不同的区域范围内，伙伴关系层级深化的难易程度是不同的，在相同地区不同国家的层级升级难易也是不同的，如水平较高的关系再升级难度就相对较大，欧美地区的关系升级难度也相对较大，与欧美国家关系密切或者存在特殊关系的国家，升级伙伴关系水平也相对较难。从具体的伙伴关系层级来看，同一地区的不同国家之间，层级也相差较大。

2. 伙伴关系拓展

伙伴关系的拓展是指伙伴关系空间布局的进一步完善和优化。完善是指伙伴关系在不同区域的数量分布完善，优化是指伙伴关系在不同区域的位置安排优化。截至2023年12月，中国的建交国家是182个，伙伴关系国家是122个，尚有60个建交国未与中国建立伙伴关系，占比约为33%。要实现与所有建交国建立伙伴关系，把所有的建交国都变成伙伴国，这是中国伙伴关系未来发展的重要方向。质量的提升固然重要，但数量的增长同样不容忽视，只有有了足够数量的伙伴关系，中国的全球伙伴关系网才会越来越密，中国的伙伴关系成效才会越来越大。

第二节　伙伴关系网络互通

伙伴关系的建立，伙伴关系网络的搭建，都是中国伙伴关系正在进行和即将进行的实践活动，但是这并不是中国伙伴关系实践的主要目的，实现中国伙伴关系网络的互联互通才能最大限度地发挥中国伙伴关系的优势，实现中国伙伴关系的系统优势、整体优势。因此，畅通伙伴关系网络才是建构伙伴关系网络、实现中国伙伴关系高水平发展的根本目的。

从伙伴关系发展的现状和趋势来看，中国伙伴关系网络存在着两个层面的互联互通：一是具体性的、较低层级的互联互通伙伴关系，二是系统性的、较高层级的互联互通伙伴关系。

1. 具体性联通伙伴关系

具体性联通伙伴关系是中国倡导和引领建构的"互联互通伙伴关系"。2014年中国同周边7国[①]以及相关国际组织在北京召开"加强互联互通伙伴关系"东道主伙伴对话会，国家主席习近平系统阐释了互联互通伙伴关系的内涵，主张互联互通应是"全方位、立体化、网络状的大联通"，是一个"开放系统"。[②]中国提出的互联互通伙伴关系理念既适用于全球范围内的合作，更侧重于亚洲地区的经济一体化合作。会后发表的《加强互联互通伙伴关系对话会联合新闻公报》对亚洲互联互通做了详尽说明，认为21世纪亚洲互联互通是硬件、软件和人文"三位一体"的，即交通基础设施的硬件联通，规章制度、标准、政策的软件联通，涵盖五大领域，分别是民间友好互信和文化交流的人文联通，涵盖政策沟通、设施联通、贸易畅通、资金融通和民心相通等五大领域。这是中国政府第一次公开阐释互联互通伙伴关系的原则和内涵，互联互通与中国共建"一带一路"倡议具有天然的内在联系和交织。

2019年在第二届"一带一路"国际合作高峰论坛上，中国又进一步阐述了构建互联互通伙伴关系的重要性，并倡议打造全球互联互通伙伴关系，开放、包容和透明是全球互联互通伙伴关系的重要原则，共建"一带一路"倡议和其他合作战略是这一伙伴关系框架的主要构成部分，全球互联互通伙伴关系包含在次区域、区域和全球三个层面的合作，打造"以世界贸易组织为核心、普遍、以规则为基础、开放、

---

① 参会方分别是中国和孟加拉国、柬埔寨、老挝、蒙古国、缅甸、巴基斯坦、塔吉克斯坦等周边7国以及联合国亚太经社会和上海合作组织共8国10方。
② 习近平：《联通引领发展，伙伴聚焦合作——在"加强互联互通伙伴关系"东道主伙伴对话会上的讲话》，《人民日报》2014年11月9日。

透明、非歧视的多边贸易体制",是互联互通伙伴关系的重要目标,这表明互联互通伙伴关系的发展进入了一个新的阶段。

互联互通伙伴关系是中国在国际经济领域倡导的合作平台和机制,从亚洲地区的互联互通到全球的互联互通,这一合作机制的范围在不断扩大。全球互联互通伙伴关系包含三个层次的伙伴合作,是一个立体式的合作框架,在中国"一带一路"倡议的推动和带领下,全球互联互通伙伴关系框架必将进一步完善和优化。

2. 系统性联通伙伴关系

系统性联通伙伴关系是抽象性、整体性的伙伴关系。互联互通是指畅通各个层次、各个区域、各种形式的中国伙伴关系相互联系、互相贯通,打通全球伙伴关系网络的各个节点、互联全球伙伴关系网络的各条路线,真正实现伙伴关系网络的系统化、集成化,全面提升中国伙伴关系的整体水平,实现中国伙伴关系的全球性布局。

系统性联通伙伴关系的建构是中国伙伴关系发展的更高阶段,不仅需要伙伴关系数量规模和质量水平的同时提升,而且需要持续的动力畅通不同关系机制和平台之间的壁垒和区隔。其不是原有合作机制的机械相加或者相连,而是在原有伙伴关系基础上构建的一个更大规模、更高水平的新的伙伴关系体系,是中国伙伴关系发展的一个大系统。因此,系统性联通伙伴关系是中国伙伴关系未来发展的高级阶段,是中国伙伴关系向人类命运共同体更高阶段跨入的重要条件。

系统性联通伙伴关系的构建离不开伙伴关系的互联互通,同时也离不开伙伴关系规模的不断扩展,两者都不可或缺。伙伴关系的确立与伙伴关系的互通是一种辩证关系,关系建立是关系互通的前提和基础,没有关系的建立就没有关系的互通,没有足够的关系数量也就无法实现关系互通互联的效应和效果。因此,关系互通的实现必须以关系建立为前提。关系互通是关系建立的主要目的,单一的、孤立的关系互动无法实现关系建立的初衷,更无法实现全球伙伴关系网络的建构。关系互联互通是建立关系的发展趋势,缺失了关系互通,关系互动也就失去了一个未来发展的重要方向。因此可以说,关系互通引领关系建立,关系建立以关系互通为目标,关系互通以关系建立为前提。然而,关系建立并非必然导致关系互通,关系互通的实现需要以关系确立为前提条件,但是关系确立并不是实现关系互通的充分必要条件,若要实现关系的互通必须在关系确立的基础上,推动系统性联通伙伴关系体系的发展,只有不断完善系统性的伙伴关系互联互通架构,才能真正实现伙伴关系的互通互融,实现你中有我、我中有你的人类命运共同体。

第三节　伙伴关系网络突破

中国伙伴关系总是在不断的自我更新与自我超越中向前发展,在理论和实践的相互促进中不断推陈出新。从中国与世界互动的整体进程来看,伙伴关系只是中国与世界互动的一种关系模式,是一定历史阶段内和特定时空条件下的互动实践。因此,从历史发展的长时段来看,随着环境条件的变化,从一种关系模式运动到另一种关系模式则是中国与世界互动的基本逻辑,中国伙伴关系也必然会在实践中从一种形式演变成另一种形式,从一种形式的初级阶段演变到高阶阶段,相对的静止与永恒的变动是中国伙伴关系存续的内在规律,从伙伴关

伙伴关系：中国与世界

系发展到人类命运共同体是中国伙伴关系发展的未来趋势。

1. 伙伴关系与人类命运共同体的关系

人类命运共同体是中国特色大国外交的重要内容，是习近平外交思想的组成部分，是新时期中国外交理念和外交实践的重要创新。人类命运共同体是中国探索国际关系新模式的重要尝试，也是中国探索中国与世界互动新路径的重要尝试。日益严峻的全球性危机不断警醒世人，人类生活在同一个地球村里，生活在历史和现实交汇的同一个时空里，越来越成为你中有我、我中有你的命运共同体。治理赤字、信任赤字、和平赤字、发展赤字不断威胁着全球治理进程。命运共同体是中国为全球治理困境贡献的中国方案。

命运共同体作为中国与世界互动的新路径和新方式，与中国伙伴关系密切相关，是在中国伙伴关系不断发展的基础上开辟出来的，近30年的伙伴关系实践为命运共同体奠定了良好的实践基础和思想准备。首先，通过伙伴关系实践，加深了中国与世界的联系，加强了中国与不同区域和不同国家的交往，为构建命运与共的共同体创造了物质条件。其次，中国伙伴关系在全球范围内的扩展和深化，促进了中华文明在世界范围内的传播，增进了世界各地对中国发展的正确认知和认同，为命运共同体的建构奠定了思想基础，减少和削弱了其他国家对命运共同体实践的误解和抵触。最后，伙伴关系网络和体系自身的不断完善和优化，也为命运共同体的构建奠定了一定基础。区域性伙伴关系网络是中国与区域内国家交流互动的重要平台，是中国与区域内国家构建区域命运共同体的重要依托。从某种意义上说，区域性命运共同体是区域性伙伴关系网络的升级和突破，是伙伴关系发展的最新形式，从中巴全天候战略伙伴关系到中巴命运共同体，从周边伙伴关系网络到周边命运共同体，揭示了伙伴关系与命运共同体之间的特殊关系。

然而，有伙伴关系并不一定会有命运共同体，命运共同体是伙伴关系的高级形式或者说是创新形式，然而有命运共同体一般存在伙伴关系。这表明中国与某一国家或某一区域关系的深化是一步一步完成的，只有先发展了较低水平的伙伴关系，才有可能发展较高水平的命运共同体，这与中国伙伴关系实践以及命运共同体实践也是一致的。另外，关系网络的构建与命运共同体的构建也可以同时进行，并不是说只有等到伙伴关系网络完全成熟后才能构建命运共同体，关系网络和命运共同体是伙伴关系发展的两个方向，两者有关联，但并非前置条件，而且伙伴关系网络也并不是命运共同体构建的唯一基础，而只是重要条件之一。因此，在伙伴关系发展的过程中，需处理好伙伴关系网络建构与人类命运共同体建构之间的关系。

2. 人类命运共同体的发展取向

人类命运共同体类同于全球伙伴关系网络，是一个复杂而庞大的系统工程。首先其是由不同的组成部分构成的，从发展实践可以发现，命运共同体与伙伴关系也类似，有双边性命运共同体、多边性命运共同体，国别性命运共同体、区域性命运共同体，也有议题性命运共同体和领域性命运共同体，比如安全命运共同体、卫生命运共同体等。命运共同体的建构模式、路径以及特点与伙伴关系较为相似但不雷同，命运共同体是更高层级的实践活动形式，是更能体现和引领人类未来发展的世界互动方式。人类命运共同体就是在伙伴关系的基础上，通过搭建不同形式的命运共同体并将其有机联系在一起而成的，因此，人类命运共同体的构建是伙伴关系发展的未来目标。

人类命运共同体构建面临诸多挑战。人类命运共同体的发展还处于

伙伴关系：中国与世界

初步阶段，未来之路还很漫长。命运共同体体系的构建远未完善，与中国伙伴关系相比较，中国的命运共同体发展还远远不够。目前，命运共同体的认知程度和接受程度还比较有限，发展阻力还比较大，双边性的命运共同体规模还不够大，区域性命运共同体还相对较少，全球性命运共同体还未得到主要大国的支持，大多数地区和国家还对中国存在战略疑虑和不信任。因此，人类命运共同体的未来发展还会面临较多挑战，尤其是以美国为首的西方国家对中国的战略不信任感越来越重，这更增加了命运共同体发展的压力和阻力。但是，从命运共同体的实践进程来看，[1]人类命运共同体的未来发展潜力很大。

从关系变动的基本规律来看，中国伙伴关系是处在不断发展的过程中的，发展性、前进性、上升性也是其重要属性。中国伙伴关系的发展跃升是在伙伴关系发展到一定阶段才会出现的现象，即伙伴关系的发展是以伙伴关系的累计效应为基础和条件的。单一性的伙伴关系发展突破通常是从高层级伙伴关系的实践中生发出来的，全球性的伙伴关系升级迭代是在伙伴关系网络体系不断优化、不断完善的基础上形成的。作为中国未来外交的主线，人类命运共同体将成为中国伙伴关系升级发展的最新形态，不断引领中国伙伴关系向更高的阶段发展。

---

[1] 自从人类命运共同体提出以来，经过近10年的发展，已经从理念变成了现实。目前，同中国确立双边命运共同体的国家近20个。此外，中国还正在积极推动中非命运共同体、中拉命运共同体的构建和落地，与中国建立命运共同体的国家遍布亚非拉等区域，其影响力越来越大。

结　语
中国与世界

伙伴关系：中国与世界

100多年的近代历史塑造了世界看中国的方式，100多年的中国共产党史塑造了中国看世界的视野。两个一百年分别见证了中国与世界互动的两种不同的历史图景，中国与世界的关系逐渐从一种状态走向了另一种状态。世间万物的复杂性来自过程，来自过程中变动不居的关系。[1]发展变化的中国伙伴关系实践塑造了中国与世界互动的复杂面貌，中国的伙伴关系来自世界也必将走向世界。过去的一段时间内，中国伙伴关系是在世界推动下创生发展的；未来的一定时段内，中国伙伴关系也必将在推动世界的过程中不断走向新的发展。树立正确的角色观，[2]在中国同世界的关系中看中国、看世界、看中国的伙伴关系，这不仅是中国伙伴关系理念和实践的历史使命，也是其推动中国与世界互动互识互构的结构调整转型的基本路径。

在近代以来很长一段历史里，中国都处在世界后面，无论是国家实力，还是科学技术，或是人民生活状况，都落后于西方国家，中国为了向世界上的发达先进的国家看齐，不断融入国际体系，接受国际规则和制度。经过百年的奋发图强，经过40余年的改革开放，如今的中国已经开始平视世界，中国已不再是那个处处落后于人的中国。在国际社会中，中国已开始引领建构更加公平合理的国际规则和制度，也已开始为当下的世界困局贡献中国方案和中国理念。昨日之中国是不可忘记的历史，今日之中国也是不可忽视的现实，在历史与现实的

---

[1] 秦亚青：《关系与过程：中国国际关系理论的文化建构》，上海人民出版社2021年版，第213页。

[2] 《习近平谈治国理政》（第3卷），外文出版社2020年版，第427页。

交织交错中，中国与世界交往交流的关系进程已发生深刻的变革，中国与世界互动互识互构的关系结构也已经发生了历史转变。

中国与世界互动处在新的历史阶段。我们正处在一个大时代，国际体系正在经历自威斯特伐利亚体系、华盛顿-凡尔赛体系、雅尔塔体系之后的第四次历史性变迁。大时代充满着大混乱，也蕴藏着大机遇。①当今的世界是一个变革的世界，世界大变局加速演进，世界之变、时代之变、历史之变正以前所未有的方式展开，世界进入新的动荡变革期，但人类发展进步的大方向没有改变，世界历史曲折前进的大逻辑没有改变，国际社会命运与共的大趋势没有改变，这是一个国际力量对比深刻变化并朝着有利于和平与发展方向变化的世界。在这个变动的世界中，中国的发展面临新的战略机遇，中国最大的机遇是自身不断发展壮大。国际社会的变革方向和趋势为中国伙伴关系的深化和拓展提供了重要的有利条件，中国自身的不断壮大又为中国伙伴关系发展提供了推动力，新的时代条件和发展环境为中国与世界互动提供了新的机遇。我国对世界的依赖、对国际事务的参与在不断加深，世界对我国的依赖、对我国的影响也在不断加深，这是中国与世界互动关系的一体两面，是一个"双加深"的格局，决定了两者关系的演变方向。世界与中国的双重变革，世界与中国的"双加深"演变，都为中国与世界关系的调整创造了新的有利条件，中国与世界互动在两个市场、两种资源、两类规则的共同作用下进入一个新的阶段。我国已经进入了实现中华民族伟大复兴的关键阶段，中国与世界的关系在发生深刻变化。②中国伙伴关系必将在中国与世界关系的新框架下不断发

---

① 袁鹏:《关于大时代与大战略的思考——兼论新时期中国外交需要处理的十对关系》,《当代世界与社会主义》2012年第4期。

② 习近平:《论坚持推动构建人类命运共同体》,中央文献出版社2018年版,第200页。

伙伴关系：中国与世界

展向前，必将会从中国的发展叙事中不断走向世界，必将为世界的和平发展探索出命运共同体之路。

中国伙伴关系改变了中国与世界互动的方式。"对话而不对抗、结伴而不结盟"的中国伙伴关系开创了中国与世界相处的新方式，开辟了中国走向世界的新道路。与大国协调合作，与周边国家亲诚合作，与发展中国家团结合作，与世界上所有国家发展多样合作，通过合作实现利益与共，通过合作实现命运相连，通过合作完成关系转型和再造。经过数十年的历史发展，中国与世界上几乎所有的重点国家都建立了伙伴关系，实现了伙伴关系框架下的合作。在当前的国际社会里，尽管当下的国际局势与20世纪20年代经历着类似的深刻变革和剧烈动荡，但中国已不再是20世纪20年代的中国，中国已与世界上的大多数国家建立了合作关系，中国已成为国际社会中不可或缺的成员，中国通过合作与世界平等相处、和平相处，中国通过伙伴关系与世界成为伙伴，世界通过中国伙伴关系与中国加强了交往。

中国伙伴关系改变了中国与世界互识的方式。在不同的时代，世界看中国与中国看世界的态度迥然不同。正如基辛格所言，现代均势的内容必须包括伙伴关系这一概念，均势战略和伙伴关系外交的结合不可能消除所有的敌对因素，但可以减轻它们的影响。[①]伙伴关系网络中的中国与世界都拥有了一种新的眼界和视野，中国在与世界的互动中坚守平等、合作、共赢，中国以平等的态度看待与世界其他国家的关系，以平等的规则处理与世界其他国家的关系，"平视"不仅仅是一种姿态，更是一种态度。当前的世界已不可能再如从前那样"俯视"中国，中国与世界间的伙伴关系网络也决定了彼此间的平等。中国伙伴关系赋予了独立自主的和平外交方针、和平共处五项原则、推动建

[①] [美]亨利·基辛格：《世界秩序》，胡利平等译，中信出版社2015年版，第303页。

立国际政治经济新秩序等方针政策新的时代精神,全球治理观、国际秩序观、正确义利观、新安全观、新发展观、合作观、人权观、生态观、文明观等重要理念,进一步深化了对21世纪国际关系的规律性认识,拓展了中国与世界相互认知的广度和深度。世界是中国的伙伴,中国也是世界的伙伴,中国伙伴关系下的中国与世界,彼此互为伙伴,共同前行。

中国伙伴关系改变了中国与世界互构的方式。伙伴关系思想必将塑造未来世界秩序,伙伴关系实践必然改动未来世界格局。在世界政治经济安全格局发生深刻变化的时代,无论是西方世界,还是世界的其他地区,国际事务以及地区议题都需要不同的国家之间进行协调、展开合作,而互为伙伴是双边或多边互动的重要条件,缺失了这个条件和基础,"丛林法则"将给世界和平与发展带来灾难性的后果。为了世界的长久和平与繁荣,需要世界发挥伙伴关系作用,采取伙伴态度和行为,重新制定新的国际规则和框架,更加有效地管控世界风险和危机。在深化和拓展全球伙伴关系网络的基础上,不断实现中国伙伴关系理论创新、道路创新、模式创新,不断推动伙伴关系向命运共同体跨越和突破,推动构建人类命运共同体成为塑造中国与世界关系互构的新体系、新载体、新格局。建设持久和平、普遍安全、共同繁荣、开放包容、清洁美丽的世界是构建人类命运共同体的目标,推动共商共建共享的全球治理是构建人类命运共同体的实现路径,践行全人类共同价值是构建人类命运共同体的普遍遵循,推动构建新型国际关系是构建人类命运共同体的基本支撑,落实全球发展倡议、全球安全倡议、全球文明倡议是构建人类命运共同体的战略引领,高质量共建"一带一路"是构建人类命运共同体的实践平台,人类命运共同体为中国与世界的相互关系勾勒出了一个新的图景。中国伙伴关系推动下的中

伙伴关系：中国与世界

国与世界命运与共，同向而行。

今天，中国已经彻底融入世界，世界也已经全面进入中国，你中有我、我中有你，中国是世界之中国，中国发展离不开世界，世界发展也需要中国，中国同世界是休戚与共的命运共同体。[1]从中国看世界与从世界看中国已经成为观察任何国内国际问题的必要前提，如何看待和处理中国与世界的关系成为一切问题的根本。[2]今天的中国，正日益走近世界舞台中央，比历史上任何时候都更加接近实现民族复兴的目标，中国将进入一个可以更有作为的新阶段。抚今追昔，遥望未来，中国的历史进程最曲折复杂，从古老的文明到传统帝国，到共产党革命，再到跃居现代大国的地位，中国走过的路将对人类产生深远的影响。[3]在新的时代节点和历史场域下，伙伴关系与命运共同体作为一个体系两个方面、一个过程两个阶段、一条道路两段路程、一种精神两种体现，将在中国与世界互动、互识、互构的历史实践中塑造着中国与世界，不断推动中国看世界与世界看中国的两种进程走向新路。

---

[1] 中共中央宣传部、中华人民共和国外交部编《习近平外交思想学习纲要》，人民出版社、学习出版社2021年版，第60页。

[2] 袁鹏：《关于大时代与大战略的思考——兼论新时期中国外交需要处理的十对关系》，《当代世界与社会主义》2012年第4期。

[3] [美]亨利·基辛格：《世界秩序》，胡利平等译，中信出版社2015年版，第276页。

附录一

中国伙伴关系时间轴[①]
（1993—2023年）

- 1993年（1）

- 1993.11：巴西，战略伙伴关系，中国第一个伙伴关系国，南美洲地区第一个伙伴关系国。

- 1994年（1）

- 1994.9：俄罗斯，面向21世纪的建设性伙伴关系，中国第一个伙伴关系大国，欧洲地区第一个伙伴关系国。

- 1996年（4）

- 1996.11：印度，面向21世纪的建设性合作伙伴关系。
- 1996.12：巴基斯坦，面向21世纪的全面合作伙伴关系。
- 1996.12：尼泊尔，面向21世纪的世代友好的睦邻伙伴关系。
- 1996：菲律宾，面向21世纪的睦邻互信合作关系。

- 1997年（4）

- 1997.5：法国，全面伙伴关系。
- 1997.10：美国，建设性战略伙伴关系。
- 1997.11：加拿大，面向21世纪的全面合作伙伴关系。

---

① 此处只梳理伙伴关系建立的时间轴和国别性伙伴关系。

伙伴关系：中国与世界

- 1997.11：墨西哥，跨世纪的全面合作伙伴关系。

> ◆ 1998年（3）

- 1998.10：英国，全面伙伴关系。
- 1998.11：韩国，面向21世纪的合作伙伴关系。
- 1998.11：日本，致力于和平与发展的友好合作伙伴关系。

> ◆ 1999年（1）

- 1999.10：摩洛哥，形式多样的伙伴关系。

> ◆ 2000年（1）

- 2000.4：南非，更加牢固和紧密的伙伴关系。

> ◆ 2001年（1）

- 2001.4：委内瑞拉，共同发展的战略伙伴关系。

> ◆ 2003年（2）

- 2003.6：蒙古国，睦邻互信伙伴关系。
- 2003.12：埃塞俄比亚，全面合作伙伴关系。

> ◆ 2004年（8）

- 2004.5：德国，具有全球责任的伙伴关系。
- 2004.5：意大利，全面战略伙伴关系。
- 2004.6：波兰，友好合作伙伴关系。
- 2004.6：匈牙利，友好合作伙伴关系。
- 2004.6：罗马尼亚，全面友好合作伙伴关系。
- 2004.6：乌兹别克斯坦，友好合作伙伴关系。

- 2004.11：阿根廷，战略伙伴关系。
- 2004.11：智利，全面合作伙伴关系。

◆ 2005年（10）

- 2005.1：秘鲁，全面合作伙伴关系。
- 2005.2：牙买加，友好伙伴关系。
- 2005.4：印度尼西亚，战略伙伴关系。
- 2005.4：孟加拉国，全面合作伙伴关系。
- 2005.4：斯里兰卡，全面合作伙伴关系。
- 2005.4：尼日利亚，战略伙伴关系。
- 2005.5：克罗地亚，全面合作伙伴关系。
- 2005.7：哈萨克斯坦，战略伙伴关系。
- 2005.11：西班牙，全面战略伙伴关系。
- 2005.12：葡萄牙，全面战略伙伴关系。

◆ 2006年（5）

- 2006.1：希腊，全面战略伙伴关系。
- 2006.4：柬埔寨，全面合作伙伴关系。
- 2006.4：斐济，重要合作伙伴关系。
- 2006.6：阿富汗，全面合作伙伴关系。
- 2006.11：保加利亚，全面合作伙伴关系。

◆ 2008年（2）

- 2008.5：越南，全面战略合作伙伴关系。
- 2008.10：丹麦，全面战略伙伴关系。

伙伴关系：中国与世界

- **2009年（2）**

- 2009.8：塞尔维亚，战略伙伴关系。
- 2009.9：老挝，全面战略合作伙伴关系。

- **2010年（1）**

- 2010.11：安哥拉，战略伙伴关系。

- **2011年（2）**

- 2011.5：缅甸，全面战略合作伙伴关系。
- 2011.9：乌克兰，战略伙伴关系。

- **2012年（4）**

- 2012.1，阿联酋，战略伙伴关系。
- 2012.3：爱尔兰，战略伙伴关系。
- 2012.4：瑞典，长期、全面、高水平的伙伴关系。
- 2012.4：泰国，战略合作伙伴关系。

- **2013年（10）**

- 2013.3：刚果（布），全面合作伙伴关系。
- 2013.3：坦桑尼亚，全面合作伙伴关系。
- 2013.4：澳大利亚，战略伙伴关系。
- 2013.5：塔吉克斯坦，战略伙伴关系。
- 2013.6：特立尼达和多巴哥，相互尊重、平等互利、共同发展的全面合作伙伴关系。
- 2013.7：白俄罗斯，全面战略伙伴关系。
- 2013.8：肯尼亚，全面合作伙伴关系。

- 2013.9：吉尔吉斯斯坦，战略伙伴关系。
- 2013.9：土库曼斯坦，战略伙伴关系。
- 2013.10：马来西亚，全面战略伙伴关系。

◆ 2014年（16）

- 2014.2：塞内加尔，友好合作伙伴关系。
- 2014.3：比利时，全方位友好合作伙伴关系。
- 2014.3：荷兰，全面合作伙伴关系。
- 2014.4：东帝汶，全面合作伙伴关系。
- 2014.5：阿尔及利亚，全面战略伙伴关系。
- 2014.9：马尔代夫，全面友好合作伙伴关系。
- 2014.11：卡塔尔，战略伙伴关系。
- 2014.11：巴布亚新几内亚，相互尊重、共同发展的战略伙伴关系。
- 2014.11：密克罗尼西亚，相互尊重、共同发展的战略伙伴关系。
- 2014.11：萨摩亚，相互尊重、共同发展的战略伙伴关系。
- 2014.11：汤加，相互尊重、共同发展的战略伙伴关系。
- 2014.11：瓦努阿图，相互尊重、共同发展的战略伙伴关系。
- 2014.11：纽埃，相互尊重、共同发展的战略伙伴关系。
- 2014.11：库克群岛，相互尊重、共同发展的战略伙伴关系。
- 2014.11：新西兰，全面战略伙伴关系。
- 2014.12：埃及，全面战略伙伴关系。

◆ 2015年（10）

- 2015.1：厄瓜多尔，战略伙伴关系。
- 2015.1：哥斯达黎加，战略伙伴关系。
- 2015.3：乌干达，新型国际伙伴关系。

- 2015.4：赤道几内亚，全面合作伙伴关系。
- 2015.9：刚果(金)，战略伙伴关系。
- 2015.9：苏丹，战略伙伴关系。
- 2015.9：约旦，战略伙伴关系。
- 2015.11：新加坡，全方位合作伙伴关系。
- 2015.11：利比里亚，全面合作伙伴关系。
- 2015.12：伊拉克，战略伙伴关系。

◆ 2016年(9)

- 2016.1：伊朗，全面战略伙伴关系。
- 2016.1：沙特，全面战略伙伴关系
- 2016.3：捷克，战略伙伴关系。
- 2016.4：瑞士，创新战略伙伴关系。
- 2016.5：莫桑比克，全面战略合作伙伴关系。
- 2016.10：乌拉圭，战略伙伴关系。
- 2016.11：几内亚，全面战略合作伙伴关系。
- 2016.12：塞拉利昂，全面战略合作伙伴关系。
- 2016.12：加蓬，全面合作伙伴关系。

◆ 2017年(5)

- 2017.3：以色列，创新全面伙伴关系。
- 2017.3：马达加斯加，全面合作伙伴关系。
- 2017.4：芬兰，新型合作伙伴关系。
- 2017.4：圣多美和普林西比，全面合作伙伴关系。
- 2017.11：吉布提，战略伙伴关系。

◆ 2018年（8）

- 2018.3：纳米比亚，全面战略合作伙伴关系。
- 2018.4：津巴布韦，全面战略合作伙伴关系。
- 2018.4：奥地利，友好战略伙伴关系。
- 2018.5：阿曼，战略伙伴关系。
- 2018.6：玻利维亚，战略伙伴关系。
- 2018.7：科威特，战略伙伴关系。
- 2018.9：塞舌尔，蓝色伙伴关系。
- 2018.11：文莱，战略合作伙伴关系。

◆ 2019年（1）

- 2019.11：苏里南，战略合作伙伴关系。

◆ 2020年（1）

- 2020.6：布隆迪，全天候伙伴关系。

◆ 2021年（1）

- 2021.11：塞浦路斯，战略伙伴关系。

◆ 2022年（1）

- 2022.1：厄立特里亚，战略伙伴关系。

◆ 2023年（8）

- 2023.6：格鲁吉亚，战略伙伴关系。
- 2023.6：巴勒斯坦，战略伙伴关系。
- 2023.7：所罗门群岛，全面战略伙伴关系。

伙伴关系：中国与世界

- 2023.8：贝宁，战略伙伴关系。
- 2023.9：赞比亚，战略伙伴关系。
- 2023.9：叙利亚，战略伙伴关系。
- 2023.10：哥伦比亚，战略伙伴关系。
- 2023.12：尼加拉瓜，战略伙伴关系。

附录二

中国伙伴关系国系谱
（截至2023年12月）

注：表内公开文件名称中省略了双方国家名。

序号	国家	建交时间	伙伴关系		命运共同体及其他
			建立状态	当前状态	
亚洲地区					
1	阿富汗	1955.1	2006.6	2012.6	
			全面合作伙伴关系	全面战略合作伙伴关系	
			阿富汗总统访华	阿富汗总统访华	
			《睦邻友好合作条约》《联合声明》	《关于建立战略合作伙伴关系的联合宣言》	
2	阿联酋	1984.11	2012.1	2018.4	
			战略伙伴关系	全面战略伙伴关系	
			中国国务院总理访阿联酋	中国国家主席访阿联酋	
			《关于建立战略伙伴关系的联合声明》	《关于建立全面战略伙伴关系的联合声明》	

伙伴关系：中国与世界

续表

序号	国家	建交时间	伙伴关系 建立状态	伙伴关系 当前状态	命运共同体及其他
3 ▲	阿曼苏丹国	1978.5	2018.5 战略伙伴关系 元首互致建交贺电 《关于建立战略伙伴关系的联合声明》		
4	巴基斯坦	1951.5	1996.12 全面合作伙伴关系 中国国家主席访巴基斯坦 暂无公开文件	2015.4 全天候战略合作伙伴关系 中国国家主席访巴基斯坦 《关于建立全天候战略合作伙伴关系的联合声明》	2018.11 《打造新时代更紧密中巴命运共同体的联合声明》
5 ▲	巴勒斯坦	1988.11	2023.6 战略伙伴关系 巴勒斯坦总统访华 《关于建立战略伙伴关系的联合声明》		
6 ▲	东帝汶	2002.5	2014.4 全面合作伙伴关系 东帝汶总理访华 《关于建立睦邻友好、互信互利全面合作伙伴关系的联合声明》	2023.9 全面战略伙伴关系 东帝汶总理访华 《关于建立全面战略伙伴关系的联合声明》	

附录二 中国伙伴关系国系谱（截至2023年12月）

续表

序号	国家	建交时间	伙伴关系 建立状态	伙伴关系 当前状态		命运共同体及其他
7	菲律宾	1975.6	1996	2018.11		
			面向21世纪的睦邻互信合作关系	全面战略合作关系		
			中国国家主席访问菲律宾	中国国家主席访问菲律宾		
			暂无公开文件	《联合声明》		
8 ▲	格鲁吉亚	1992.6	2023.6			
			战略伙伴关系			
			格鲁吉亚总理访华			
			《关于建立战略伙伴关系的联合声明》			
9	哈萨克斯坦	1992.1	2005.7	2019.9		2022.9
			战略伙伴关系	永久全面战略伙伴关系		世代友好、高度互信、休戚与共的中哈命运共同体
			中国国家主席访问哈萨克斯坦	哈萨克斯坦总统访华		
			《关于建立和发展战略伙伴关系的联合声明》	《联合声明》		《建交30周年联合声明》

189

伙伴关系：中国与世界

续表

序号	国家	建交时间	伙伴关系 建立状态	伙伴关系 当前状态	命运共同体及其他
10 ●	韩国	1992.8	1998.11 面向21世纪的合作伙伴关系 韩国总统访华 暂无公开文件	2008.5 战略合作伙伴关系 韩国总统访华 暂无公开文件	
11 ▲	吉尔吉斯斯坦	1992.1	2013.9 战略伙伴关系 中国国家主席访问吉尔吉斯斯坦 《关于建立战略伙伴关系的联合宣言》	2018.6 全面战略伙伴关系 吉尔吉斯斯坦总统访华 《关于建立新时代全面战略伙伴关系的联合宣言》	2023.5 睦邻友好、共享繁荣的命运共同体
12	柬埔寨	1958.7	2006.4 全面合作伙伴关系 中国国务院总理访问柬埔寨 《联合公报》	2010.12 全面战略合作伙伴关系 柬埔寨首相访华 暂无公开文件	2019.4 《构建中柬命运共同体行动计划》
13 ▲	卡塔尔	1988.7	2014.11 战略伙伴关系 卡塔尔埃米尔访华 《关于建立战略伙伴关系的联合声明》		

附录二 中国伙伴关系国系谱（截至2023年12月）

续表

序号	国家	建交时间	伙伴关系 建立状态	伙伴关系 当前状态	命运共同体及其他
14 ▲	科威特	1971.3	2018.7 战略伙伴关系 科威特埃米尔访华 《关于建立战略伙伴关系的联合声明》		
15 ●	老挝	1961.4	2009.9 全面战略合作伙伴关系 老挝国家主席访华 暂无公开文件		2017.11 构建具有战略意义的命运共同体
16 ▲	马尔代夫	1972.10	2014.9 面向未来的全面友好合作伙伴关系 中国国家主席访问马尔代夫 《联合新闻公报》		
17 ▲	马来西亚	1974.5	2013.10 全面战略伙伴关系 中国国家主席访问马来西亚 《联合新闻稿》		2023.3 中马命运共同体

伙伴关系：中国与世界

续表

序号	国家	建交时间	伙伴关系		命运共同体及其他
			建立状态	当前状态	
18	蒙古国	1949.10	2003.6 睦邻互信伙伴关系 中国国家主席访问蒙古国 《联合声明》	2014.8 全面战略伙伴关系 中国国家主席访问蒙古国 《关于建立和发展全面战略伙伴关系的联合宣言》	2022.11 共建和平共处、守望相助、合作共赢的两国命运共同体① 蒙古国元首访华
19	孟加拉国	1975.10	2005.4 长期友好、平等互利的全面合作伙伴关系 中国国务院总理访问孟加拉国 《政府联合公报》	2016.10 战略合作伙伴关系 中国国家主席访问孟加拉国 暂无公开文件	
20 ●	缅甸	1950.6	2011.5 全面战略合作伙伴关系 缅甸总统访华 暂无公开文件		2020.1 构建中缅命运共同体 中国国家主席访问缅甸，签署《联合声明》

① 《中蒙关于新时代推进全面战略伙伴关系的联合声明》指出，"朝着共建和平共处、守望相助、合作共赢的两国命运共同体方向作出努力"。关系典范之一："进一步打造国与国关系典范"。

192

附录二 中国伙伴关系国系谱(截至2023年12月)

续表

序号	国家	建交时间	伙伴关系		命运共同体及其他
			建立状态	当前状态	
				2019.10	
21	尼泊尔	1955.8	1996.12	面向发展与繁荣的世代友好的战略合作伙伴关系	
			面向21世纪的世代友好睦邻伙伴关系	中国国家主席访问尼泊尔	
			中国国家主席访问尼泊尔	《联合声明》	
			暂无公开文件		
			1998.11	2008.5	
22	日本	1972.7	致力于和平与发展的友好合作伙伴关系	战略互惠关系	
			中国国家主席访问日本	中国国家主席访问日本	
			《中日关于建立致力于和平与发展的友好合作伙伴关系的联合宣言》	《中日关于全面推进战略互惠关系的联合声明》	
23 ▲	沙特阿拉伯	1990.7	2016.1		
			全面战略伙伴关系		
			中国国家主席访问沙特阿拉伯		
			《关于建立全面战略伙伴关系的联合声明》		

伙伴关系：中国与世界

续表

序号	国家	建交时间	伙伴关系 建立状态	伙伴关系 当前状态	命运共同体及其他
24	斯里兰卡	1957.2	2005.4 真诚互助、世代友好的全面合作伙伴关系 中国国务院总理访问斯里兰卡 《政府联合公报》	2013.5 真诚互助、世代友好的战略合作伙伴关系 斯里兰卡总统访华 《联合公报》	关系典范之一：发展中国家团结合作、互利共赢的典范
25 ▲	塔吉克斯坦	1992.1	2013.5 战略伙伴关系 塔吉克斯坦总统访华 《关于建立战略伙伴关系的联合宣言》	2017.8 全面战略伙伴关系 塔吉克斯坦总统访华 《关于建立全面战略伙伴关系的联合声明》	2023 世代友好、休戚与共、互利共赢命运共同体
26 ▲	泰国	1975.7	2012.4 全面战略合作伙伴关系 泰国总理访华 《关于建立全面战略合作伙伴关系的联合声明》		2022.11 《中泰关于构建更为稳定、更加繁荣、更可持续命运共同体的联合声明》
27 ▲	土库曼斯坦	1992.1	2013.9 战略伙伴关系 中国国家主席访问土库曼斯坦 《关于建立战略伙伴关系的联合宣言》	2023.1 全面战略伙伴关系 土库曼斯坦元首访华 《联合声明》	

附录二 中国伙伴关系国系谱(截至2023年12月)

续表

序号	国家	建交时间	伙伴关系			命运共同体及其他
			建立状态		当前状态	
28 ▲	文莱	1991.9	2018.11 战略合作伙伴关系 中国国家主席访问文莱 《联合声明》			
29	乌兹别克斯坦	1992.1	2004.6 友好合作伙伴关系 中国国家主席访问乌兹别克斯坦 《关于进一步发展与加深两国友好合作伙伴关系的联合声明》		2016.6 全面战略伙伴关系 中国国家主席访问乌兹别克斯坦 《联合声明》	
30 ▲	新加坡	1990.10	2015.11 全方位合作伙伴关系 中国国家主席访问新加坡 《关于建立与时俱进的全方位合作伙伴关系的联合声明》		2023.4 全方位高质量的前瞻性伙伴关系 新加坡总理访华 《关于建立全方位高质量的前瞻性伙伴关系的联合声明》	
31 ▲	叙利亚	1956.8	2023.9 战略伙伴关系 叙利亚总统访华 《关于建立战略伙伴关系的联合声明》			

195

伙伴关系：中国与世界

续表

序号	国家	建交时间	伙伴关系 建立状态	伙伴关系 当前状态	命运共同体及其他
32 ▲	伊拉克	1958.8	2015.12 战略伙伴关系 伊拉克总理访华 《关于建立战略伙伴关系的联合声明》		
33 ▲	伊朗	1971.8	2016.1 全面战略伙伴关系 中国国家主席访问伊朗 《关于建立全面战略伙伴关系的联合声明》		
34 ▲	以色列	1992.1	2017.3 创新全面伙伴关系 以色列总理访华 《关于建立创新全面伙伴关系的联合声明》		
35	印度	1950.4	1996.11 面向21世纪的建设性合作伙伴关系 中国国家主席访问印度 暂无公开文件	2014.9 发展伙伴关系 中国国家主席访问印度 《关于构建更加紧密的发展伙伴关系的联合声明》	

196

附录二 中国伙伴关系国系谱(截至2023年12月)

续表

序号	国家	建交时间	伙伴关系			命运共同体及其他
			建立状态		当前状态	
36	印度尼西亚	1950.4	战略伙伴关系 中国国家主席访问印度尼西亚	2005.4	2013.10 全面战略伙伴关系 中国国家主席访问印度尼西亚 《中印度尼西亚全面战略伙伴关系未来规划》	2022.11 建立命运共同体 《联合声明》 中国国家主席访问印度尼西亚
37 ▲	约旦	1977.4	战略伙伴关系 约旦国王访华 《关于建立战略伙伴关系的联合声明》	2015.9		
38	越南	1950.1	全面战略合作伙伴关系 越南越共总书记访华 《联合声明》	2008.5		2023.12 建立命运共同体 《联合声明》 中国国家主席访问越南

非洲地区

| 1 ▲ | 阿尔及利亚 | 1958.12 | 全面战略伙伴关系
《关于建立全面战略伙伴关系的联合宣言》 | 2014.5 | | 中国是第一个承认阿尔及利亚的非阿拉伯国家 |

197

伙伴关系：中国与世界

续表

序号	国家	建交时间	伙伴关系 建立状态	伙伴关系 当前状态	命运共同体及其他
2▲	埃及	1956.5	2014.12 全面战略伙伴关系 埃及总统访华 《关于建立全面战略伙伴关系的联合声明》		2020.1 新时代构建中埃命运共同体
3	埃塞俄比亚	1970.11	2003.12 全面合作伙伴关系 《联合声明》	2023.10 全天候战略伙伴关系① 埃塞俄比亚总理访华 《关于建立全天候战略伙伴关系的联合声明》	
4	安哥拉	1983.1	2010.11 战略伙伴关系 中国国家副主席访问安哥拉 《关于建立战略伙伴关系的联合声明》		

① 根据两国联合声明内容，"全天候战略伙伴关系"是对"全面战略合作伙伴关系"的升级。这是一次跨层级升级，表明虽然层级之间的关系定位差异相对明确，但次层级定位的差异并没有绝对的界限，战略性伙伴关系的最高层级高于战略合作性伙伴关系的第二层级，详见《中华人民共和国与埃塞俄比亚联邦民主共和国关于建立全天候战略伙伴关系的联合声明》，《人民日报》2023年10月18日。

附录二 中国伙伴关系国系谱(截至2023年12月)

续表

序号	国家	建交时间	伙伴关系		命运共同体及其他
			建立状态	当前状态	
5 ▲	贝宁	1964.11	2023.8 战略伙伴关系 贝宁总统访华 《关于建立战略伙伴关系的联合声明》		
6 ▲●	布隆迪	1963.12	2020.6 全天候伙伴关系 暂无公开文件		
7 ▲	赤道几内亚	1970.10	2015.4 全面合作伙伴关系 赤道几内亚总统访华 《关于建立全面合作伙伴关系的联合声明》		
8 ▲	厄立特里亚	1993.5	2022.1 战略伙伴关系① 中国外长访问厄立特里亚 《外交部长联合声明》		

① 两国战略伙伴关系的确立首次出现在2022年1月5日中国外交部部长王毅访问厄立特里亚时,当时厄总统会见王毅,表示"我很高兴同习近平主席共同决定将两国关系确立为战略伙伴关系",另外在《中华人民共和国与厄立特里亚国外交部长联合声明》中也确定了两国战略伙伴关系。

199

伙伴关系：中国与世界

续表

序号	国家	建交时间	伙伴关系		命运共同体及其他
			建立状态	当前状态	
9 ▲	刚果（布）	1964.2	2013.3 全面合作伙伴关系 中国国家主席访问刚果（布） 《联合公报》	2016.7 全面战略合作伙伴关系 刚果（布）总统访华 暂无公开文件	
10 ▲	刚果（金）	1961.2	2015.9 战略伙伴关系 刚果（金）总统访华 暂无公开文件	2023.5 全面战略合作伙伴关系 刚果（金）总统访华 《关于建立全面战略合作伙伴关系的联合声明》	
11 ▲●	吉布提	1979.1	2017.11 战略伙伴关系 吉布提总统访华 暂无公开文件		
12 ▲●	几内亚	1959.10	2016.11 全面战略合作伙伴关系 几内亚总统访华 暂无公开文件		第一个同中国建交的撒哈拉以南的非洲国家

附录二 中国伙伴关系国系谱（截至2023年12月）

续表

序号	国家	建交时间	伙伴关系 建立状态	伙伴关系 建立时间	伙伴关系 当前状态	命运共同体及其他
13 ▲	加蓬	1974.4	全面合作伙伴关系 加蓬总统访华 暂无公开文件	2016.12	全面战略合作伙伴关系 加蓬总统访华 《关于建立全面战略合作伙伴关系的联合声明》 2023.4	
14 ▲●	津巴布韦	1980.4	全面战略合作伙伴关系 津巴布韦总统访华 暂无公开文件	2018.4		
15 ▲●	肯尼亚	1963.12	全面合作伙伴关系 肯尼亚总统访华 暂无公开文件	2013.8	全面战略合作伙伴关系 肯尼亚总统访华 暂无公开文件 2017.5	构建新时代更加紧密的中肯命运共同体① 2023.12

① 习近平同肯尼亚总统鲁托就中肯建交60周年互致贺电，在贺电中提出了两国命运共同体建设，详见外交部网站，https://www.mfa.gov.cn/web/gjhdq_676201/gj_676203/fz_677316/1206_677946/xgxw_677952/202312/t20231214_11202571.shtml。

续表

序号	国家	建交时间	伙伴关系 建立状态	当前状态	命运共同体及其他
16 ▲●	利比里亚	1977.2	2015.11 全面合作伙伴关系 利比里亚总统访华 暂无公开文件		
17 ▲●	马达加斯加	1972.11	2017.3 全面合作伙伴关系 马达加斯加总统访华 暂无公开文件		
18	摩洛哥	1958.11	1999.10 形式多样的伙伴关系 中国国家主席访问摩洛哥 《新闻公报》	2016.5 战略伙伴关系 摩洛哥国王访华 暂无公开文件	
19 ▲	莫桑比克	1975.6	2016.5 全面战略合作伙伴关系 莫桑比克总统访华 《关于建立全面战略合作伙伴关系的联合声明》		

附录二 中国伙伴关系国系谱（截至2023年12月）

续表

序号	国家	建交时间	伙伴关系 建立状态	伙伴关系 当前状态	命运共同体及其他
20 ▲●	纳米比亚	1990.3	2018.3 全面战略合作伙伴关系 纳米比亚总统访华 暂无公开文件		
21	南非	1998.1	2000.4 伙伴关系 《关于伙伴关系的比勒陀利亚宣言》	2010.8 全面战略伙伴关系 南非总统访华 《关于建立全面战略伙伴关系的北京宣言》	2023.8 构建高水平中南命运共同体 中国国家主席访问南非 《联合声明》
22 ●	尼日利亚	1971.2	2005.4 战略伙伴关系 尼日利亚总统访华 暂无公开文件		
23 ▲●	塞拉利昂	1971.7	2016.12 全面战略合作伙伴关系 塞拉利昂总统访华 暂无公开文件		

203

伙伴关系：中国与世界

续表

序号	国家	建交时间	伙伴关系			命运共同体及其他
			建立状态	当前状态		
24 ▲●	塞内加尔	1971.12	2014.2 长期友好合作伙伴关系 塞内加尔总统访华 暂无公开文件	2016.9 全面战略合作伙伴关系 塞内加尔总统访华 暂无公开文件		
25 ▲	塞舌尔	1976.6	2018.9 蓝色伙伴关系 塞舌尔总统访华 《中华人民共和国自然资源部与塞舌尔共和国环境、能源和气候变化部关于面向蓝色伙伴关系的海洋领域合作谅解备忘录》			
26 ▲●	圣多美和普林西比	1975.7	2017.4 全面合作伙伴关系 圣多美和普林西比总统访华 暂无公开文件			
27 ▲	苏丹	1959.2	2015.9 战略伙伴关系 苏丹总统访华 《关于建立战略伙伴关系的联合声明》			

附录二　中国伙伴关系国系谱（截至2023年12月）

续表

序号	国家	建交时间	伙伴关系		命运共同体及其他
			建立状态	当前状态	
28 ▲	坦桑尼亚	1964.4	2013.3 全面合作伙伴关系 中国国家主席访问坦桑尼亚 《联合公报》	2022.11 全面战略合作伙伴关系 坦桑尼亚总统访华 《关于建立全面战略合作伙伴关系的联合声明》	
29 ▲ ●	乌干达	1962.10	2015.3 新型国际伙伴关系 乌干达总统访华 暂无公开文件	2019.6 全面合作伙伴关系 乌干达总统访华 暂无公开文件	
30 ▲	赞比亚	1964.10	2023.9 全面战略合作伙伴关系 赞比亚总统访华 《关于建立全面战略合作伙伴关系的联合声明》		南部非洲第一个与中国建交的国家

伙伴关系：中国与世界

续表

序号	国家	建交时间	伙伴关系		命运共同体及其他
			建立状态	当前状态	
欧美地区					
1	美国	1979.1	1997.10 建设性战略伙伴关系 中国国家主席访问美国 《联合声明》	2011.1 相互尊重、互利共赢的合作伙伴关系	
2 ●	加拿大	1970.10	1997.11 跨世纪全面合作伙伴关系 中国国家主席访问加拿大 暂无公开文件	2005.9 战略伙伴关系 中国国家主席访问加拿大 暂无公开文件	
3	爱尔兰	1979.6	2012.3 互惠战略伙伴关系 爱尔兰总理访华 《关于建立互惠战略伙伴关系的联合声明》		
4 ▲	奥地利	1971.5	2018.4 友好战略伙伴关系 奥地利总统访华 《关于建立友好战略伙伴关系的联合声明》		

附录二 中国伙伴关系国系谱(截至2023年12月)

续表

序号	国家	建交时间	伙伴关系			命运共同体及其他
			建立状态		当前状态	
5 ▲	白俄罗斯	1992.1	2013.7		2022.9	
			全面战略伙伴关系		全天候全面战略伙伴关系	
			白俄罗斯总统访华		白俄罗斯总统访华	
			《关于建立全面战略伙伴关系的联合声明》		《关于建立全天候全面战略伙伴关系的联合声明》	
6	保加利亚	1949.10	2006.11		2019.7	
			全面合作伙伴关系		战略伙伴关系	
			保加利亚总理访华		保加利亚总统访华	
			《联合声明》		《关于建立战略伙伴关系的联合声明》	
7 ▲	比利时	1971.10	2014.3			
			全方位友好合作伙伴关系			
			中国国家主席访问比利时			
			《深化全方位友好合作伙伴关系的联合声明》			
8	波兰	1949.10	2004.6		2016.6	
			友好合作伙伴关系		全面战略伙伴关系	
			中国国家主席访问波兰		中国国家主席访问波兰	
			《联合声明》		《关于建立全面战略伙伴关系的联合声明》	

伙伴关系：中国与世界

续表

序号	国家	建交时间	伙伴关系		命运共同体及其他
			建立状态	当前状态	
9	丹麦	1950.1	2008.10 全面战略伙伴关系 丹麦首相访华 《关于建立全面战略伙伴关系的联合声明》		丹麦是继瑞典之后第二个同中国建交的西方国家
10	德国	1972.10	2004.5 具有全球责任的伙伴关系 中国国务院总理访问德国 《联合声明》	2014.3 全方位战略伙伴关系 中国国家主席访问德国 《关于建立中德全方位战略伙伴关系的联合声明》	
11	俄罗斯	1949.10	1994.9 面向21世纪的建设性伙伴关系 中国国家主席访问俄罗斯 《联合声明》	2019.6 新时代全面战略协作伙伴关系 中国国家主席访问俄罗斯 《关于发展新时代全面战略协作伙伴关系的联合声明》	
12	法国	1964.1	1997.5 全面伙伴关系 法国总统访华 《中法联合声明建立全面伙伴关系》	2014.3 开创紧密持久的中法全面战略伙伴关系新时代 中国国家主席访问法国 《联合声明——开创紧密持久的中法全面战略伙伴关系新时代》	法国是第一个同中国正式建交的西方大国，第一个同中国建立全面伙伴关系和全面战略伙伴关系的西方大国

附录二 中国伙伴关系国系谱(截至2023年12月)

续表

序号	国家	建交时间	伙伴关系		命运共同体及其他
			建立状态	当前状态	
13 ▲	芬兰	1950.10	2017.4 面向未来的新型合作伙伴关系 中国国家主席访问芬兰 《关于建立和推进面向未来的新型合作伙伴关系的联合声明》		
14 ▲	荷兰	1954.11	2014.3 开放务实的全面合作伙伴关系 中国国家主席访问荷兰(中国元首首访) 《关于建立开放务实的全面合作伙伴关系的联合声明》		
15 ▲	捷克	1949.10	2016.3 战略伙伴关系 中国国家主席访问捷克(中国元首首访) 《关于建立战略伙伴关系联合声明》		

209

续表

序号	国家	建交时间	伙伴关系			命运共同体及其他
			建立状态		当前状态	
16	克罗地亚	1992.5	2005.5 全面合作伙伴关系 克罗地亚总理访华 《关于建立全面合作伙伴关系的联合声明》			
17	罗马尼亚	1949.10	2004.6 全面友好合作伙伴关系 中国国家主席访问罗马尼亚 《关于建立全面友好合作伙伴关系的联合声明》			
18	葡萄牙	1979.2	2005.12 全面战略伙伴关系 中国国务院总理访问葡萄牙 《关于加强双边关系的联合声明》			
19	瑞典	1950.5	2012.4 长期、全面、高水平可持续发展的伙伴关系 中国国务院总理访问瑞典 《关于在可持续发展方面加强战略合作的框架文件》			瑞典是第一个与中国建交的西方国家

附录二 中国伙伴关系国系谱(截至2023年12月)

续表

序号	国家	建交时间	伙伴关系		命运共同体及其他
			建立状态	当前状态	
20 ▲	瑞士	1950.9	2016.4 创新战略伙伴关系 瑞士联邦主席访华 《关于建立创新战略伙伴关系的联合声明》		
21	塞尔维亚	1955	2009.8 战略伙伴关系 塞尔维亚总统访华 《关于建立战略伙伴关系的联合声明》	2016.6 全面战略伙伴关系 中国国家主席访问塞尔维亚 《关于建立全面战略伙伴关系的联合声明》	
22 ▲	塞浦路斯	1971	2021.11 战略伙伴关系 两国元首通话 《关于建立战略伙伴关系的联合声明》		
23	乌克兰	1992.1	2011.6 战略伙伴关系 乌克兰总统访华 《关于全面提升中乌友好合作关系水平的联合声明》		

211

伙伴关系：中国与世界

续表

序号	国家	建交时间	伙伴关系			命运共同体及其他
			建立状态		当前状态	
24	西班牙	1973.3	2005.11 全面战略伙伴关系 中国国家主席访问西班牙 《关于建立全面战略伙伴关系的联合公报》		2018.11 新时期全面战略伙伴关系 中国国家主席访问西班牙 《关于加强新时期全面战略伙伴关系的联合声明》	
25	希腊	1972.6	2006.1 全面战略伙伴关系 希腊总理访华 《关于建立全面战略伙伴关系的联合声明》			
26	匈牙利	1949.10	2004.6 友好合作伙伴关系 中国国家主席访问匈牙利 《联合声明》		2017.5 全面战略伙伴关系 匈牙利总理访华 《关于建立全面战略伙伴关系的联合声明》	

212

附录二 中国伙伴关系国系谱(截至2023年12月)

续表

序号	国家	建交时间	伙伴关系			命运共同体及其他
			建立状态		当前状态	
27	意大利	1970.11	2004.5			
			全面战略伙伴关系			
			中国国务院总理访问意大利			
			《联合公报——建立稳定、友好、长期、持续发展的中意全面战略伙伴关系》			
28	英国	1954.6	1998.10		2015.10	
			全面伙伴关系		面向21世纪的全球全面战略伙伴关系	
			两国元首互访		中国国家主席访问英国	
			《联合声明》			

拉丁美洲和加勒比地区

序号	国家	建交时间	伙伴关系			命运共同体及其他
			建立状态		当前状态	
1	阿根廷	1972.2	2004.11		2014.7	
			战略伙伴关系		全面战略伙伴关系	
			两国元首互访		中国国家主席访问阿根廷	
			暂无公开文件		《关于建立全面战略伙伴关系的联合声明》	

伙伴关系：中国与世界

续表

序号	国家	建交时间	伙伴关系 建立状态	伙伴关系 当前状态	命运共同体及其他
2	巴西	1974.8	1993.11 战略伙伴关系 中国国家主席访问巴西 暂无公开文件	2012.6 全面战略伙伴关系 中国国务院总理访问巴西 《联合声明》	
3 ●	秘鲁	1971.11	2005.1 全面合作伙伴关系 中国国家副主席访问秘鲁 暂无公开文件	2013.4 全面战略伙伴关系 秘鲁总统访华 暂无公开文件	
4 ▲	玻利维亚	1985.7	2018.6 战略伙伴关系 玻利维亚总统访华 《关于建立战略伙伴关系的联合声明》		
5 ▲	厄瓜多尔	1980.1	2015.1 战略伙伴关系 厄瓜多尔总统访华 《关于建立战略伙伴关系的联合声明》	2016.11 全面战略伙伴关系 中国国家主席访问厄瓜多尔 《关于建立全面战略伙伴关系的联合声明》	

214

附录二　中国伙伴关系国系谱（截至2023年12月）

续表

序号	国家	建交时间	伙伴关系		命运共同体及其他
			建立状态	当前状态	
6 ▲	哥伦比亚	1980.2	2023.10 战略伙伴关系 哥伦比亚总统访华 《关于建立战略伙伴关系的联合声明》		
7 ▲	苏里南	1976.5	2019.11 战略合作伙伴关系 苏里南总统访华 《联合新闻公报》		
8	委内瑞拉	1974.6	2001.4 战略伙伴关系 委内瑞拉总统访华 暂无公开文件	2023.9 全天候战略伙伴关系 委内瑞拉总统访华 《关于建立全天候战略伙伴关系的联合声明》	
9 ▲	乌拉圭	1988.2	2016.10 战略伙伴关系 乌拉圭总统访华 《关于建立战略伙伴关系的联合声明》	2023.11 全面战略伙伴关系 乌拉圭总统访华 《关于建立全面战略伙伴关系的联合声明》	

伙伴关系：中国与世界

续表

序号	国家	建交时间	伙伴关系 建立状态	伙伴关系 当前状态	命运共同体及其他
10	智利	1970.12	2004.11 全面合作伙伴关系 中国国家主席访问智利 暂无公开文件	2016.11 全面战略伙伴关系 中国国家主席访问智利 《关于建立全面战略伙伴关系的联合声明》	智利是第一个同中国建交的南美洲国家
11 ▲	哥斯达黎加	2007.6	2015.1 平等互信、合作共赢的战略伙伴关系 哥斯达黎加总统访华 《联合声明》		
12	墨西哥	1972.4	1997.12 跨世纪的全面合作伙伴关系 中国国家主席访问墨西哥 暂无公开文件	2013.6 全面战略伙伴关系 中国国家主席访问墨西哥 《联合声明》	
13 ▲	尼加拉瓜	1985.12	2023.12 战略伙伴关系 两国元首通电话 《关于建立战略伙伴关系的联合声明》		

附录二 中国伙伴关系国系谱（截至2023年12月）

续表

序号	国家	建交时间	伙伴关系		命运共同体及其他
			建立状态	当前状态	
14 ▲●	特立尼达和多巴哥	1974.6	2013.6 全面合作伙伴关系 中国国家主席访问特立尼达和多巴哥 暂无公开文件		
15 ●	牙买加	1972.10	2005.2 共同发展的友好伙伴关系 中国国家副主席访问牙买加 暂无公开文件	2019.11 战略伙伴关系 牙买加总理访华 暂无公开文件	

大洋洲地区

序号	国家	建交时间	伙伴关系		命运共同体及其他
			建立状态	当前状态	
1 ▲●	澳大利亚	1972.12	2013.4 战略伙伴关系 澳大利亚总理访华 暂无公开文件	2014.11 全面战略伙伴关系 中国国家主席访问澳大利亚 暂无公开文件	

217

伙伴关系：中国与世界

续表

序号	国家	建交时间	伙伴关系		命运共同体及其他
			建立状态	当前状态	
2 ▲●	巴布亚新几内亚	1976.10	2014.11 相互尊重、共同发展的战略伙伴关系 中国国家主席同太平洋岛国领导人举行集体会晤 暂无公开文件	2018.11 相互尊重、共同发展的全面战略伙伴关系 中国国家主席访问巴布亚新几内亚 暂无公开文件	
3	斐济	1975.11	2006.4 重要合作伙伴关系 中国国务院总理访问斐济 《联合新闻公报》	2018.11 相互尊重、共同发展的全面战略伙伴关系 中国国家主席同太平洋岛国领导人举行集体会晤 暂无公开文件	
4 ▲●	库克群岛	1997.7	2014.11 相互尊重、共同发展的战略伙伴关系 中国国家主席同太平洋岛国领导人举行集体会晤 暂无公开文件	2018.11 相互尊重、共同发展的全面战略伙伴关系 中国国家主席同太平洋岛国领导人举行集体会晤 暂无公开文件	

附录二 中国伙伴关系国系谱（截至2023年12月）

续表

序号	国家	建交时间	伙伴关系			命运共同体及其他
			建立状态		当前状态	
5 ▲●	密克罗尼西亚	1989.9	2014.11		2018.11	
			相互尊重、共同发展的战略伙伴关系		相互尊重、共同发展的全面战略伙伴关系	
			中国国家主席同太平洋岛国领导人举行集体会晤		中国国家主席同太平洋岛国领导人举行集体会晤	
			暂无公开文件		暂无公开文件	
6 ▲●	纽埃	2007.12	2014.11		2018.11	
			相互尊重、共同发展的战略伙伴关系		相互尊重、共同发展的全面战略伙伴关系	
			中国国家主席同太平洋岛国领导人举行集体会晤		中国国家主席同太平洋岛国领导人举行集体会晤	
			暂无公开文件		暂无公开文件	
7 ▲●	萨摩亚	1975.11	2014.11		2018.11	
			相互尊重、共同发展的战略伙伴关系		相互尊重、共同发展的全面战略伙伴关系	
			中国国家主席同太平洋岛国领导人举行集体会晤		中国国家主席同太平洋岛国领导人举行集体会晤	
			暂无公开文件		暂无公开文件	

伙伴关系：中国与世界

续表

序号	国家	建交时间	伙伴关系 建立状态	伙伴关系 当前状态	命运共同体及其他
8 ▲	所罗门群岛	2019.9	2023.7 全面战略伙伴关系 所罗门群岛总理访华 暂无公开文件		
9 ▲●	汤加	1998.11	2014.11 相互尊重、共同发展的战略伙伴关系 中国国家主席同太平洋岛国领导人举行集体会晤 暂无公开文件	2018.11 相互尊重、共同发展的全面战略伙伴关系 中国国家主席同太平洋岛国领导人举行集体会晤 暂无公开文件	
10 ▲●	瓦努阿图	1982.3	2014.11 相互尊重、共同发展的战略伙伴关系 中国国家主席同太平洋岛国领导人举行集体会晤 暂无公开文件	2018.11 相互尊重、共同发展的全面战略伙伴关系 中国国家主席同太平洋岛国领导人举行集体会晤 暂无公开文件	

附录二 中国伙伴关系国系谱（截至2023年12月）

续表

序号	国家	建交时间	伙伴关系		命运共同体及其他
			建立状态	当前状态	
			建立时间		
11 ▲	新西兰	1972.12	2014.11 全面战略伙伴关系 中国国家主席访问新西兰 《关于建立全面战略伙伴关系的联合声明》		

注：本书根据中国在不同时期伙伴关系的特点以及中国整体外交政策的演变情况，确定伙伴关系建立的时间和状态，双边关系的实质性突破是衡量双边伙伴关系确立与否的重要条件。另外，本书尽量保证每一种关系状态的文件资料进行佐证，但由于伙伴关系的统计方式和标准存在一定的差异，本书的研究结果与相关研究略有不同。

221

附录三

中国伙伴关系矩阵图

（1993—2023年）

根据中国伙伴关系发展的历史实践，中国伙伴关系从关系层级上分析，大概可分为如下类型，每种层级的伙伴关系对应着不同的字母。

层级	命运共同体层级	战略合作性伙伴关系			
		特殊战略合作	全面战略合作	战略合作	特殊战略
符号	V	A	B	C	D

中国伙伴关系矩阵如下：

序号	国家	建交时间	1993	1994	1995	1996	1997	1998	1999	2000	2001	2002	2003
亚洲地区													
1	阿富汗	1955											
2	阿联酋	1984											
3	阿曼苏丹国	1978											
4	阿塞拜疆	1992											
5	巴基斯坦	1951				H	H	H	H	H	H	H	H
6	巴勒斯坦	1988											
7	巴林	1989											
8	不丹	无											
9	朝鲜	1949											
10	东帝汶	2002											
11	菲律宾	1975						I	I	I	I	I	I
12	格鲁吉亚	1992											
13	哈萨克斯坦	1992											
14	韩国	1992						I	I	I	I	I	H

附录三 中国伙伴关系矩阵图（1993—2023年）

各性伙伴关系		合作性伙伴关系			一般性伙伴关系
全面战略	战略	特殊合作	全面合作	合作	
E	F	G	H	I	J

中国伙伴关系时间轴																		
5	2006	2007	2008	2009	2010	2011	2012	2013	2014	2015	2016	2017	2018	2019	2020	2021	2022	2023
	H	H	H	H	H	H	C	C	C	C	C	C	C	C	C	C	C	
						F	F	F	F	F	F	F	E	E	E	E	E	E
												F	F	F	F	F	F	F
C	C	C	C	C	C	C	C	C	C	A	A	A	A	V	V	V	V	V
																F		
							H	H	H	H	H	H	H	H	H	H	H	E
F	F	F	F	F	F	F	F	F	F	F	F	F	E	E	E	E	E	E
																		F
F	F	F	F	F	F	E	E	E	E	E	E	E	D	D	D	D	V	V
H	H	C	C	C	C	C	C	C	C	C	C	C	C	C	C	C	C	C

223

伙伴关系：中国与世界

序号	国家	建交时间	1993	1994	1995	1996	1997	1998	1999	2000	2001	2002	2003
15	吉尔吉斯斯坦	1992											
16	柬埔寨	1958											
17	卡塔尔	1988											
18	科威特	1971											
19	老挝	1961											
20	黎巴嫩	1971											
21	马尔代夫	1972											
22	马来西亚	1974											
23	蒙古国	1949											J
24	孟加拉国	1975											
25	缅甸	1950											
26	尼泊尔	1955				J	J	J	J	J	J	J	J
27	日本①	1972						I	I	I	I	I	I
28	沙特阿拉伯	1990											
29	斯里兰卡	1957											
30	塔吉克斯坦	1992											
31	泰国	1975											
32	土耳其	1971								P			
33	土库曼斯坦	1992											
34	文莱	1991											
35	乌兹别克斯坦	1992											
36	新加坡	1990											

---

① 中日在历史上建立过伙伴关系，但是目前两国之间并不存在这种性质的关系定位，而且双边关系出现定程度的倒退或降低。这和两国总体关系的起落跌宕密切相关。

② 2008年，中日确立战略互惠关系，此后，两国关系未再出现过伙伴关系的表述。

③ 两国建立了战略合作关系，2018年升级为战略合作伙伴关系。再次表明，"战略合作关系"并不是"合作伙伴关系"，而且从关系的密切程度和等级划分来看，二者之间是一种递升的关系。

④ 两国签署《中乌友好合作伙伴关系条约》，这是第一份伙伴关系条约，也是目前唯一一份。

⑤ 2023年4月，中新建立全方位高质量的前瞻性伙伴关系，是全方位合作伙伴关系的升级。这是一种特伙伴关系定位，尚未有明确的关系等级与之对应。

附录三　中国伙伴关系矩阵图（1993—2023年）

续表

中国伙伴关系时间轴																		
	2006	2007	2008	2009	2010	2011	2012	2013	2014	2015	2016	2017	2018	2019	2020	2021	2022	2023
								F	F	F	F	F	F	E	E	E	E	AV
	H	H	H	H	B	B	B	B	B	B	B	B	B	V	V	V	V	V
								F	F	F	F	F	F	F	F	F	F	F
												F	F	F	F	F	F	F
				B	B	B	B	B	B	B	B	B	V	V	V	V	V	V
									G	G	G	G	G	G	G	G	G	G
									E	E	E	E	E	E	E	E	E	V
	J	J	J	J	J	F	F	F	E	E	E	E	E	E	E	E	V	V
	H	H	H	H	H	H	H	H	H	F	F	F	F	F	F	F	F	F
								B	B	B	B	B	B	B	B	V	V	V
	J	J	J	H	H	H	H	H	H	H	H	H	C	C	C	C	C	C
	I	I	②															
									B	B	B	B	B	B	B	B	B	B
	H	H	H	H	H	H	H	C	C	C	C	C	C	C	C	C	C	C
								F	F	F	F	E	E	E	E	E	E	V
						B		B	B	B	B	B	B	B	B	B	V	V
						F	F	F	F	F	F	F	F	F	F	F	F	E
						SC③							C	C	C	C	C	C
	F	F	F	F	F	F	F	F	F	E	E	E	E	E	E	E	V	V
									G	G	G	G	G	G	G	G	?⑤	

伙伴关系：中国与世界

序号	国家	建交时间	1993	1994	1995	1996	1997	1998	1999	2000	2001	2002	2003
37	叙利亚	1956											
38	亚美尼亚	1992											
39	也门	1956											
40	伊拉克	1958											
41	伊朗	1971											
42	以色列	1992											
43	印度	1950				I	I	I	I	I	I	I	I
44	印度尼西亚	1950											
45	约旦	1977											
46	越南	1950											
非洲地区													
1	阿尔及利亚	1958											
2	埃及	1956											
3	埃塞俄比亚	1970											H
4	安哥拉	1983											
5	贝宁	1964											
6	博茨瓦纳	1975											
7	布基纳法索	1975											
8	布隆迪	1963											
9	赤道几内亚	1970											
10	多哥	1972											
11	厄立特里亚	1993											
12	佛得角	1976											
13	冈比亚	1974											
14	刚果（布）	1964											
15	刚果（金）	1961											
16	吉布提	1979											

① 两国建立创新全面伙伴关系。这是一种新型伙伴关系，区别于合作伙伴关系和战略伙伴关系。
② 两国建立发展伙伴关系，宣称"发展伙伴关系应成为两国战略合作伙伴关系的核心内容"。

附录三 中国伙伴关系矩阵图（1993—2023年）

续表

中国伙伴关系时间轴																		
5	2006	2007	2008	2009	2010	2011	2012	2013	2014	2015	2016	2017	2018	2019	2020	2021	2022	2023
																		F
										F	F	F	F	F	F	F	F	F
											E	E	E	E	E	E	E	E
												J①	J	J	J	J	J	J
	C	C	C	C	C	C	C	C	J②	J	J	J	J	J	J	J	J	J
	F	F	F	F	F	F	F	F	E	E	E	E	E	E	E	E	V	V
											F	F	F	F	F	F	F	F
			B	B	B	B	B	B	B	B	B	B	B	B	B	B	B	V
										E	E	E	E	E	E	E	E	E
										E	E	E	E	E	E	V	V	V
	H	H	H	H	H	H	H	H	H	H	H	B	B	B	B	B	B	D
					F	F	F	F	F	F	F	F	F	F	F	F	F	F
																		F
																J	J	J	J
									H	H	H	H	H	H	H	H	H	H
																	F	F
								H	H	H	B	B	B	B	B	B	B	B
										H	H	H	H	H	H	H	H	B
											H	H	H	H	H	H	H	H

伙伴关系：中国与世界

序号	国家	建交时间	1993	1994	1995	1996	1997	1998	1999	2000	2001	2002	2003
17	几内亚	1959											
18	几内亚比绍	1974											
19	加纳	1960											
20	加蓬	1974											
21	津巴布韦	1980											
22	喀麦隆	1971											
23	科摩罗	1975											
24	科特迪瓦	1983											
25	肯尼亚	1963											
26	莱索托	1983											
27	利比里亚	1977											
28	利比亚	1978											
29	卢旺达	1971											
30	马达加斯加	1972											
31	马拉维	2007											
32	马里	1960											
33	毛里求斯	1972											
34	毛里塔尼亚	1965											
35	摩洛哥	1958								J	J	J	J
36	莫桑比克	1975											
37	纳米比亚	1990											
38	南非	1998								J	J	J	J
39	南苏丹	2011											
40	尼日尔	1974											
41	尼日利亚	1971											
42	塞拉利昂	1971											
43	塞内加尔	1971											
44	塞舌尔	1976											
45	圣多美和普林西比	1975											

附录三 中国伙伴关系矩阵图（1993—2023年）

续表

中国伙伴关系时间轴																		
5	2006	2007	2008	2009	2010	2011	2012	2013	2014	2015	2016	2017	2018	2019	2020	2021	2022	2023
											B	B	B	B	B	B	B	B
										H	H	H	H	H	H	H	H	B
												B	B	B	B	B	B	B
								H	H	H	H	B	B	B	B	B	B	N
											H	H	H	H	H	H	H	H
												H	H	H	H	H	H	H
J	J	J	J	J	J	J	J	J	J	J	F	F	F	F	F	F	F	F
											B	B	B	B	B	B	B	B
												B	B	B	B	B	B	B
F	F	F	F	F	E	E	E	E	E	E	E	E	E	E	E	E	E	V
F	F	F	F	F	F	F	F	F	F	F	F	F	F	F	F	F	F	F
											B	B	B	B	B	B	B	B
								G	C	B	B	B	B	B	B	B	B	B
													J	J	J	J	J	J
												H	H	H	H	H	H	H

伙伴关系：中国与世界

序号	国家	建交时间	1993	1994	1995	1996	1997	1998	1999	2000	2001	2002	2003
46	斯威士兰	无											
47	苏丹	1959											
48	索马里	1960											
49	坦桑尼亚	1964											
50	突尼斯	1964											
51	乌干达	1962											
52	赞比亚	1964											
53	乍得	1972											
54	中非	1964											
欧美地区													
1	美国	1979					F						
2	加拿大	1970						H	H	H	H	H	H
3	阿尔巴尼亚	1949											
4	爱尔兰	1979											
5	爱沙尼亚	1991											
6	安道尔	1994											
7	奥地利	1971											
8	白俄罗斯	1992											
9	保加利亚	1949											
10	北马其顿	1993											
11	比利时	1971											
12	冰岛	1971											
13	波黑	1995											
14	波兰	1949											

---

① 中美伙伴关系是一种历史状态，目前两国不存在伙伴关系，从历史延续的角度看，中美伙伴关系呈现退特点。根据原中国驻美大使李肇星的阐述，1999年前后，中美之间建立了建设性战略伙伴关系，而后在2012建立了合作伙伴关系。至今，中美之间就新型大国关系构建展开了互动。从发展的历程来看，大国之间的伙伴进程更加复杂多变。但是与中美关系相比，中俄关系则呈现出另一个发展趋势，中俄建立伙伴关系以来，两国关系一直保持积极正向的发展态势，不仅走在了大国伙伴关系的前列，而且走在了一般性伙伴关系的前列。由此大国伙伴关系的发展受到多重因素的制约和影响，并非仅仅与国家大小有关。

附录三 中国伙伴关系矩阵图（1993—2023年）

续表

中国伙伴关系时间轴																		
5	2006	2007	2008	2009	2010	2011	2012	2013	2014	2015	2016	2017	2018	2019	2020	2021	2022	2023
										F	F	F	F	F	F	F	F	F
								H	H	H	H	H	H	H	H	H	B	B
									J				H	H	H	H	H	
																		B
						CP①												
F	F	F	F	F	F	F	F	F	F	F	F	F	F	F	F	F	F	F
								F	F	F	F	F	F	F	F	F	F	F
													F	F	F	F	F	F
								B	B	B	B	B	B	B	B	B	B	B
H	H	H	H	H	H	H	H	H	G	G	G	G	F	F	F	F	F	F
									G	G	G	G	G	G	G	G	G	G
I	I	I	I	I	I	F	F	F	F	F	F	E	E	E	E	E	E	E

① CP

231

伙伴关系：中国与世界

序号	国家	建交时间	1993	1994	1995	1996	1997	1998	1999	2000	2001	2002	2003
15	丹麦	1950											
16	德国	1972											
17	俄罗斯	1949		J	J	C①	C	C	C	C	C	C	C
18	法国	1964						J	J	J	J	J	J
19	梵蒂冈	无											
20	芬兰	1950											
21	荷兰	1954											
22	黑山	2006											
23	捷克	1949											
24	克罗地亚	1992											
25	拉脱维亚	1991											
26	立陶宛	1991											
27	列支敦士登	1950											
28	卢森堡	1972											
29	罗马尼亚	1949											
30	马耳他	1972											
31	马其顿	1993											
32	摩尔多瓦	1992											
33	摩纳哥	1995											
34	挪威	1954											
35	葡萄牙	1979											
36	瑞典	1950											
37	瑞士	1950											
38	塞尔维亚	1955											
39	塞浦路斯	1971											
40	圣马力诺	1971											
41	斯洛伐克	1949											

① 在中俄伙伴关系中，始终是用"战略协作伙伴关系"来表述的，与战略合作伙伴关系类似，但其关系又略高于战略合作伙伴关系。为了便于统计，暂时将其归在战略合作伙伴关系一类。

附录三 中国伙伴关系矩阵图（1993—2023年）

续表

中国伙伴关系时间轴																		
5	2006	2007	2008	2009	2010	2011	2012	2013	2014	2015	2016	2017	2018	2019	2020	2021	2022	2023
			E	E	E	E	E	E	E	E	E	E	E	E	E	E	E	E
	J	J	J	J	F	F	F	F	D	D	D	D	D	D	D	D	D	D
	C	C	C	C	C	B	B	B	B	B	B	B	B	A	A	A	A	A
	E	E	E	E	E	E	E	E	D	D	D	D	D	D	D	D	D	D
												I	I	I	I	I	I	I
								H	H	H	H	H	H	H	H	H	H	H
												F	F	F	F	F	F	F
	H	H	H	H	H	H	H	H	H	H	H	H	H	H	H	H	H	H
	H	H	H	H	H	H	H	H	H	H	H	H	H	H	H	H	H	H
	E	E	E	E	E	E	E	E	E	E	E	E	E	E	E	E	E	E
						J	J	J	J	J	J	J	J	J	J	J	J	J
								F	F	F	F	F	F	F	F	F	F	F
			F	F	F	F	F	F	F	E	E	E	E	E	E	E	E	E
																	F	F

伙伴关系：中国与世界

序号	国家	建交时间	1993	1994	1995	1996	1997	1998	1999	2000	2001	2002	2003
42	斯洛文尼亚	1992											
43	乌克兰	1992											
44	西班牙	1973											
45	希腊	1972											
46	匈牙利	1949											
47	意大利	1970											
48	英国	1954						J	J	J	J	J	J
拉丁美洲和加勒比地区													
1	阿根廷	1972											
2	巴拉圭	无											
3	巴西	1974	F	F	F	F	F	F	F	F	F	F	F
4	秘鲁	1971											
5	玻利维亚	1985											
6	厄瓜多尔	1980											
7	哥伦比亚	1980											
8	圭亚那	1972											
9	苏里南	1976											
10	委内瑞拉	1974									F	F	F
11	乌拉圭	1988											
12	智利	1970											
13	安提瓜和巴布达	1983											
14	巴巴多斯	1977											
15	巴哈马	1997											
16	巴拿马	2017											
17	伯利兹	无											
18	多米尼加	2018											
19	多米尼克	2004											
20	格林纳达	1985											

附录三　中国伙伴关系矩阵图（1993—2023年）

续表

中国伙伴关系时间轴

2005	2006	2007	2008	2009	2010	2011	2012	2013	2014	2015	2016	2017	2018	2019	2020	2021	2022	2023
						F	F	F	F	F	F	F	F	F	F	F	F	F
E	E	E	E	E	E	E	E	E	E	E	E	E	D	D	D	D	D	D
E	E	E	E	E	E	E	E	E	E	E	E	E	E	E	E	E	E	E
I	I	I	I	I	I	I	I	I	I	I	I	I	E	E	E	E	E	E
E	E	E	E	E	E	E	E	E	E	E	E	E	E	E	E	E	E	E
E	E	E	E	E	E	E	E	E	D	D	D	D	D	D	D	D	D	D
F	F	F	F	F	F	F	F	F	E	E	E	E	E	E	E	E	E	E
F	F	F	F	F	F	F	F	E	E	E	E	E	E	E	E	E	E	E
H	H	H	F	F	F	F	F	F	E	E	E	E	E	E	E	E	E	E
													F	F	F	F	F	F
											F	E	E	E	E	E	E	E
																		F
														C				
F	F	F	F	F	F	F	F	F	E	E	E	E	E	E	E	E	E	D
							F	F	F	F	F	F	F	F	F		F	E
H	H	H	H	H	H	H	F	F	F	F	E	E	E	E	E	E	E	E

伙伴关系：中国与世界

序号	国家	建交时间	1993	1994	1995	1996	1997	1998	1999	2000	2001	2002	2003
21	哥斯达黎加	2007											
22	古巴	1960											
23	海地	无											
24	洪都拉斯	2023											
25	墨西哥	1972					H	H	H	H	H	H	F
26	尼加拉瓜	1985											
27	萨尔瓦多	2018											
28	圣基茨和尼维斯	无											
29	圣卢西亚	1997											
30	圣文森特和格林纳丁斯	无											
31	特立尼达和多巴哥	1974											
32	危地马拉	无											
33	牙买加	1972											
大洋洲地区													
1	澳大利亚	1972											
2	巴布亚新几内亚	1976											
3	斐济	1975											
4	基里巴斯	1980											
5	库克群岛	1997											
6	马绍尔群岛	1990											
7	密克罗尼西亚	1989											
8	瑙鲁	无											
9	纽埃	2007											
10	帕劳	无											
11	萨摩亚	1975											
12	所罗门群岛	2019											
13	汤加	1998											
14	图瓦卢	无											

附录三　中国伙伴关系矩阵图（1993—2023年）

续表

中国伙伴关系时间轴																		
2005	2006	2007	2008	2009	2010	2011	2012	2013	2014	2015	2016	2017	2018	2019	2020	2021	2022	2023
									F	F	F	F	F	F	F	F	F	F
F	F	F	F	F	F	F	F	F	E	E	E	E	E	E	E	E	E	E
																		F
									H	H	H	H	H	H	H	H	H	H
J	J	J	J	J	J	J	J	J	J	J	J	J	J	J	F	F	F	F
									F	E	E	E	E	E	E	E	E	E
										F	F	F	F	E	E	E	E	E
I	I	I	I	I	I	I	I	I	F	F	F	F	E	E	E	E	E	E
														E	E	E	E	E
									F	F	F	F	E	E	E	E	E	E
									F	F	F	F	E	E	E	E	E	E
									F	F	F	F	E	E	E	E	E	E
																		E
									F	F	F	F	E	E	E	E	E	E

伙伴关系：中国与世界

序号	国家	建交时间	1993	1994	1995	1996	1997	1998	1999	2000	2001	2002	2003	
15	瓦努阿图	1982												
16	新西兰	1972												

续表

中国伙伴关系时间轴																		
5	2006	2007	2008	2009	2010	2011	2012	2013	2014	2015	2016	2017	2018	2019	2020	2021	2022	2023
									F	F	F	F	E	E	E	E	E	E
										E	E	E	E	E	E	E	E	E

参考文献

一、著作类

[1]习近平著作选读：第1—2卷[M]．北京：人民出版社，2023．

[2]习近平谈治国理政：第4卷[M]．北京：外文出版社，2022．

[3]中共中央宣传部，中华人民共和国外交部．习近平外交思想学习纲要[M]．北京：人民出版社，2021．

[4]习近平．论坚持推动构建人类命运共同体[M]．北京：中央文献出版社，2018．

[5]任远喆．构建全球伙伴关系网络：历史发展与现实路径[M]．北京：经济科学出版社，2020．

[6]亨利·基辛格．论中国[M]．胡利平，等译．北京：中信出版社，2015．

[7]罗伯特·O·基欧汉．新现实主义及其批判[M]．郭树勇，译．北京：北京大学出版社，2002．

[8]罗伯特·杰维斯．国际政治中的知觉与错误知觉[M]．秦亚青，译．北京：世界知识出版社，2003．

[9]亚历山大·温特．国际政治的社会理论[M]．秦亚青，译．上海：上海人民出版社，2001．

[10]小约瑟夫·奈．理解国际冲突：理论与历史[M]．张小明，译．上海：上海人民出版社，2002．

[11]肯尼思·华尔兹. 国际政治理论[M]. 信强, 译. 上海: 上海人民出版社, 2003.

[12]塞缪尔·亨廷顿. 文明的冲突与世界秩序的重构[M]. 周琪, 译. 北京: 新华出版社, 1998.

[13]马丁·怀特, 赫德利·布尔. 权力政治[M]. 宋爱群, 译. 北京: 世界知识出版社, 2004.

[14]詹姆斯·多尔蒂, 小罗伯特·普沃尔茨格拉夫. 争论中的国际关系理论[M]. 阎学通, 等译. 北京: 世界知识出版社, 2002.

[15]汉斯·摩根索. 国家间政治: 权力斗争与和平[M]. 徐昕, 郝望, 李保平, 译. 北京: 北京大学出版社, 2006.

[16]秦亚青. 关系与过程: 中国国际关系理论的文化建构[M]. 上海: 上海人民出版社, 2012.

[17]葛兆光. 宅兹中国[M]. 北京: 中华书局, 2011.

[18]罗伯特·杰维斯. 系统效应: 政治与社会生活中的复杂性[M]. 李少军, 杨少华, 管志雄, 译. 上海: 上海世纪出版集团, 2008.

[19]格雷厄姆·艾莉森. 注定一战: 中美能避免修昔底德陷阱吗[M]. 陈定定, 傅强, 译. 上海: 上海人民出版社, 2018.

[20]斯蒂芬·沃尔特. 联盟的起源[M]. 周丕启, 译. 北京: 北京大学出版社, 2007.

[21]肖晞. 外交与安全的中国思路[M]. 北京: 世界知识出版社, 2020.

[22]黄欣荣. 复杂性科学与哲学[M]. 北京: 中央编译出版社, 2006.

二、期刊、报纸、论文类

[1]蔡拓. 对中国与世界关系的审视与反思[J]. 国际政治研究, 2019(6).

[2]袁鹏. 关于大时代与大战略的思考: 兼论新时期中国外交需要

处理的十对关系[J]. 当代世界与社会主义，2012（4）.

[3]门洪华，刘笑阳. 中国伙伴关系战略评估与展望[J]. 世界政治与经济，2015（2）.

[4]张萍. 国际政治系统中的外交：过程与基本形态——一个政治传播学的分析框架[J]. 国际关系研究，2017（5）.

[5]卢静. 构建面向未来的金砖国家伙伴关系[J]. 当代世界，2021（10）。

[6]魏玲. 伙伴关系再升级：东盟关切、中国责任与地区秩序[J]. 国际问题研究，2021（6）.

[7]关欣、连晨超. 欧盟-东盟战略伙伴关系的特点及限度[J]. 国际观察，2021（6）.

[8]尔·阿利耶夫，云清. 日本和西欧：伙伴关系和竞争对手[J]. 国际经济评论，1982（2）.

[9]安秉俊. 韩美伙伴关系的形成[J]. 惠淑，译. 国际政治研究，1992（2）.

[10]布热津斯基. 不成熟的伙伴关系[J]. 刘文生，译. 国际政治研究，1994（3）.

[11]安德列·科济列夫. 滞后的俄美伙伴关系[J]. 文森，叶正义，译. 国际政治研究，1994（4）.

[12]正颂. 不和平的伙伴关系：评美国的北约"为了和平而建立伙伴关系"的计划[J]. 世界知识，1993（24）.

[13]陈宣圣. 北约"和平伙伴关系计划"对欧洲安全格局的影响[J]. 国际展望，1994（8）.

[14]高华. 俄加入北约"和平伙伴关系计划"评析[J]. 世界经济与政治，1995（2）.

[15]李丹. 百年大变局背景下中国伙伴外交的拓展与提升[J]. 江苏

行政学院学报，2023（4）．

[16]杜哲元．从战略合作伙伴到双边命运共同体[J]．太平洋学报，2021（3）．

[17]高祖贵．新时代中国特色大国外交战略及其实践要求[J]．科学社会主义，2022（6）．

[18]陈志瑞，吴琳．中国全球伙伴关系构建的多边主义转向[J]．外交评论，2023（4）．

[19]王峥．新时代中国特色大国外交：伙伴关系外交的新演变和新特征（2013—2017）[J]．当代世界与社会主义，2018（4）．

[20]苏浩．中国外交的"伙伴关系"框架[J]．世界知识，2000（5）．

[21]李文达，禾木．从全球角度看中俄建立面向21世纪战略协作伙伴关系[J]．国际政治研究，1996（4）．

[22]冯玉军．对中俄战略协作伙伴关系的再思考[J]．现代国际关系，1998（8）．

[23]马程．交往行为理论视阈下的中国伙伴关系研究[D]．吉林：吉林大学，2020．

[24]刘舒琪．澳印全面战略伙伴关系研究[D]．上海：华东师范大学，2023．

[25]孙雪松．中美战略竞争背景下中国发展伙伴关系政策研究[D]．吉林：吉林大学，2023．

三、网站类

[1]中华人民共和国外交部．https://www.mfa.gov.cn．

[2]习近平外交思想和新时代中国外交．http://www.chinadiplomacy.org.cn/．

[3]人民日报图文数据库．http://data.people.com.cn/rmrb/20230905/1/．

后 记

"伙伴关系"是本书最核心、最关键的"题眼",伙伴关系研究贯穿始终。21世纪20年代以来,世界格局发生深刻变化,国际形势出现更多不确定性和不稳定性,国家间关系呈现出前所未有的新变化和新特点,世界和平与发展面临着前所未有的挑战与风险。在更趋动荡的国际环境下,国家是推动世界历史进程积极向前的最重要行为体,国家间关系成为影响此进程最重要的因素,在此背景下,研究伙伴关系正当其时。综观全球范围内伙伴关系发展的历史和经验,虽然中国不是第一个建立伙伴关系的国家,但是中国却是目前世界上伙伴关系发展最为活跃的国家,也是伙伴关系效果最为显著的国家。伙伴关系在中国特色大国外交实践中发挥着极为重要的作用。通过系统梳理和分析中国伙伴关系实践的内在逻辑和理论特点,努力把握中国特色大国外交的思想内涵和发展方向,进而分析中国在世界格局中的地位变迁过程以及中国与世界互动的演变进程,是本书的主要出发点和立足点,也是本书的主要目的所在。

关系是恒久的命题,无论是世界、民族、国家,抑或是家庭、朋友、个人,皆如此,这是伙伴关系研究多年后,最深刻的启迪。通过国家关系的认知可以探析世界的战争与和平,通过自我关系的剖析可以了知人生命运的起承转合。我们一直生活在各种形形色色、大大小小的复杂关系中,关系伴我生,也伴我亡,任何人都无法逃脱。对于

后 记

伙伴关系而言，尚有很多的未知待研的问题，尤其是随着世界形势的不断演变，中国的外交理论和实践在发生着新的变化，中国与世界的关系也在发生着新的变化。当前对于伙伴关系的研究还只是阶段性的、探索性的思考。进一步增强和提升中国伙伴关系研究的深度、广度、高度、精度，深化和拓展中国伙伴关系研究的场景、范畴、领域、路径，将会是未来研究的重点方向。

在此，不再赘述研究本身的问题，对于研究内外、或近或远的一些领悟，回数一二，算是对这段不短不长的岁月作一个小结。

走走停停，兜兜转转，不知不觉已过好多年。

对于出版这本书，第一次萌生这个念头可以追溯到好多个时间节点。如今想来，已记不清是什么时间喜欢上书的了，只知道在初中时就有了写书的冲动。那时候偷偷看过小说，现在已经记不太清名字，因为种种原因听过多部广播里的评书，私下里认真写过几本至今也没写完的小说，辗转多地，那些泛黄而稚嫩的文字已经不知踪迹了。高中时候，虽然不再懵懂地想去写书，但却是写了好几本密密麻麻的时光日记，留下了各种心情、各种色调、各种颜色的笔记本。那时的青春略带忧伤，或许这是那个时代青春年少的浅愁。离开故乡后，是的，自多年前从那个时而清晰时而模糊的清晨离开后，那个生于兹养于兹的地方就逐渐成为印象中的故乡，再也没有长久停留过。生活境遇的改变，生长环境的变迁，似乎只有在书中心情才能安宁。最初的那些年，经常去各种书店看书、买书，也会去几个有名的旧书摊去选、去看一些心动的书。那时，书是最大的慰藉，也是最无法言说的欣喜和激动，或者说，有些痴。这个时候，一本一本地写着日记，有时每天写，有时心境恰当时方坐下来记写。这一时期，一个显著的改变就是又有了写书的念头，也实实在在写过。当时顶喜欢去一个小园里写，

伙伴关系：中国与世界

春夏秋冬，阳光、秋霜、清风、阴雨，在各种季节各种场景下都曾驻足过那里。曾几何时，那里是灵魂的安歇地，一草一树一落叶，一水一路一亭榭，晨曦中的寂静，夕阳里的清冷，白雪皑皑下的窃窃自喜，大雨滂沱中的黯然神伤。那里给了一生中最美的回忆，也正是在那醉与美里，写下了感动自己也感动别人的时间碎语，但也仅此而已。后来到了南方，也到了年华折转的时间，虽然依旧喜欢书，但是读的书却是越来越少了。不知从什么时候开始，慢慢戒掉了写日记的喜欢，只是偶尔会静下来写下寥寥，从内心里，不再那么想写，久而久之，写日记就成了记忆。再后来，回到了这里，开始了新的生活，时间在不知不觉间加速度前进，十余年的光阴转瞬间就溜走了，错觉中恍惚觉得，这些年的厚度比以往少了很多，单薄的有些不甘回望。当然，这些年，写了不少论文，有大有小，有深有浅。在几处图书馆翻过很多本专业书籍，常常也会沉浸其中，但是，这时候写书的想法有但却不强烈，写作通常是疲于应付。说了这么多，时光拉回到了2018年的燕园，在这个曾经无比向往过的地方，再次重燃了写书的愿望，而且如此热烈。有幸，在燕园与新园的来回穿梭中，找到了把"想"变成"真"的机缘。于是，在离开的前夜，定下了这本书的初样，至今，已有近五个年头。囿于种种不得已或懒怠，直至当前才算完成。这是一本迟来的书，也是一本穿透无数岁月过往的书，迟到但却异常珍贵。

对于学术来说，校园生活一走便是整个年少青春，走到了学生生涯的可谓"最末端"，写过大大小小数十篇论文或文章，如今也还在做着与研究息息相关的工作，所以，自己可称得上是学术路上的一个行者。虽然小时就梦想过现在的样子，但现在的样子绝非是当时梦想的样子。想过成为医生、教师、作家甚至诗人，但没想过成为社会科学工作者，更没预想过与现在相逢。当年学习语言时，就觉得以后的职

后 记

业是一名语言工作者；当年研读政治学时，就以为以后可以做一名政治课老师；再后来学习了外交学，才知道政治学包含很多内容，外交学只是其一部分。这时对科研有了较为清晰的认知，也对社会科学有了精确的认识，尤其是在燕园的最后一年里，逐渐回答了自己的质询和定义：学术应是此后的路，科研当是此后的未来，故而，以一种新身份回归校园将是此后人生的方向。然而，生活本身或许就是如此意外和不可捉摸，最终没有重回学校，而是走成了现在的样子，而且一走就到了今天。虽然今天依然在科研的路上行走，但与传统的学术似乎还间隔着一段距离。所以，现在的学术并非传统的学术，现在的科研也并非完全的科研，这就是现在的真实。在身份和现实的多次改变后，曾经的梦想终究成为梦想，未曾梦想的方向成为当下的方向，走走停停的流转里，时光筛过了一个又一个明亮的年华，最终留下的只是岁月老去、人是物非。

对于人生来说，过去数十载的时光里，走停过许多地方，"在路上"一直是生活存在的基本形态。如今想来，有近一半的时间是在外面的，这是相对于曾经的家里而言的，之所以说是"外面"，那是因为在潜意识里家才是"里面"，才是归宿，才是根，才是魂。只是，当年离开时还不清楚未来在哪里，还不晓得会不会回到那个家里的地方。今天回看，那时不经意的离开，已成为此生永久的别离。家里已成为老家，成为故乡，而且儿时的老屋、小院、池塘、门前树、乡间路、田头风、晨曦炊烟、黄昏犬吠、月下嬉闹都已不在。回到曾经的地方，除了一些经过岁月雕刻容颜已变的尚在老人外，不认识的人越来越多，不熟悉的景象越来越多，恍惚和陌生的伤感越来越复杂。不知不觉，自己已经成为"外人"，回乡的路越走越远、越走越难。已为人父的光景里，已在现在的这里安了家，有了一个每天下班后都要回

伙伴关系：中国与世界

去的称之为"家里"的地方、可以想见，在未知的年月里，或许这儿便是生命停放的地方了。在新家里生活的这些年里，无数次梦见回到远在千里之外的家乡，是那样真，那样切，那样乡愁，那样无法找寻。未知的未来，无法去筹谋和安排，在过往的过往里，也有很多很多未知的过往。初中时不知会邂逅那一次人生意外，意外地奔走于多个地方，意外地改变了生活的模样，永远地走上了另一个生活方向，人生在此有了停留；高中时也遇见了又一场不期而至的未知，再一次在生命的画板上涂上了别致的一笔，短暂的斗转之后，与这座城市结下了一世的缘，一些人走入了我的时光里，一住便是一生。后来，游走在南方的时候，在那以前，未知会到此如此生活。虽然在那里待停多年，但当时隐约觉得终究是要离开的，所以，那是一次较长时间的走走停停，开始便是别离。再后来，又回到了这座城市，虽然换了好多个地方，但始终未曾再离开；直至多年前最终停下来，也未曾想过后半生就在此度过。过往的生活是由无数个或大或小的未知境遇串联起来的，走走停停与未知之间填满了昔日一闪而过的时光。如今望向那未知的前方，不知生命流转会呈现何种景象，很多时候，很多事，都是无可选择、无力改涂，唯有在无限斑斓与和暖的光明里，倍加珍惜，无比感念。

感谢生命中相遇相见的人们，感谢陌生的抑或不陌生的擦肩而过的人，感谢这些年一路走来的老师、同学和朋友：坚信，每一个映射在眼底的容颜，都是命运对此生无比深情的眷顾。在此，也非常感谢王莹老师，感谢她对于自己一次次迟稿的包容和善待，也感谢她对于本书出版给予的专业指导和帮助。最后，也感谢父母和家人，没有爱人这些年的支持和付出，也不会有今日的自己，此生相守，但求白头。墨子、昱子是上苍给予此生最大的福报，作为她们的父亲，在感恩之

后　记

余时常感怀惶恐，但愿在可见的余生中不辜负那声"爸爸"。谨把此书送给墨昱，以父亲之眼托起女儿之嫣然。

此去经年，来路无先，在学术和人生的修行中，蹒跚却不踟蹰，向风却依然烂漫。

2024年8月于北京清河